BIAGIO CATALANO

SANTI COME NOI

Edizione 1.1
© 2011-2012 Biagio Catalano (www.alexamenos.com)

© *Santi come noi*

Stampato e pubblicato da Lulu ® (www.lulu.com)

Copertina: J.-P. Laurens – Giovanni Crisostomo e l'imperatrice Eudossia (1893, Musée des Augustins, Tolosa)

Sommario

Bibliografia minima

Baring-Gould, Sabine
- *Life of the Saints, voll. 1-16* (Hodges / Internet Archive)

Butler, Alban
- *The Lifes of Fathers, Martyrs and Other Principal Saints* (Bartleby)

Duchesne, Louis
- *Ancient History of the Church, 1* (De Boccard / Internet Archive)

Gibbon, Edward
- *The History of the Decline and Fall of the Roman Empire, voll. 1-12* (Online Library of Liberty)

Jacopo da Varagine
- *Leggenda Aurea* (Catholic Forum)

Schaff, Philip
- *History of the Christian Church* (CCEL)
- *The Early Church Fathers* (CCEL)

Wace, Henry / Smith, William
- *Dictionary of Christian Biography* (CCEL)

Bedouelle, Jean
- *Storia della Chiesa* (Jaca Books, 1993)

Dell'Osso, Carlo
- *Patrologia* (Piemme, 1995)

Donini, Ambrogio
- *Storia del Cristianesimo* (Teti, 1991)

Harnack, Adolf von
- *Breve storia della Chiesa* (Putnam / University of Pennsylvania Online, 1908 / 2010)

Torresani, Alberto
- *Breve storia della Chiesa* (Ares, 1989)

Premessa personale dell'Autore

Premessa personale dell'Autore

> Sulla Terra non c'è santo che faccia il bene e non pecchi mai.
>
> *Ecclesiaste 7.21*

È opinione comune dei credenti che chiunque propugni l'inesistenza di Dio abbia "qualcosa che non va" e che tale atteggiamento sia solitamente dovuto a risentimento per qualche problema mentale, fisico, etnico o economico: "invidia" nei confronti di chi "è baciato da Dio", dicono. Tale "invidia" spingerebbe costoro a criticare il "principio del Bene" per distruggere una società che "non li vuole"; sicuramente è "Satana" a istigarli a far ciò! Per parte mia ritengo piuttosto che, tolto Satana, in linea di massima una tale opinione non sia del tutto sbagliata e che le motivazioni addotte non siano così dissimili da quelle che potrebbero spingere una persona a diventare addirittura "difensore dell'Onnipotente"; la storia della religiosità è zeppa di libertini "redenti" o tarati fisici e mentali fatti passare per estatici santi repleti di "spirito divino". In

11

fondo – direi a questi pii critici – senza insoddisfazioni non si compie alcuna azione: anzi, è banale dire che più grande è l'insoddisfazione, maggiore sia lo sforzo.

Purtroppo non si può andare contro la natura: ci sono esistenze che non possono essere modificate. Le persone nascono per uno scopo e soltanto quello, quale che sia la sua importanza intrinseca. A parte ciò, sussistono anche delle motivazioni che non rientrano per forza nella categoria del "l'hai fatto perché hai dei problemi": *intuizioni* e *deduzioni* sono fra queste. Quando poi hai la possibilità d'informarti e per "natura" sei anche predisposto a "padroneggiare" determinati argomenti, allora diventa più probabile che esse risultino più puntuali.

Come la maggioranza delle persone su questo pianeta, anch'io sono stato un credente, ma per via di fattori sia personali che familiari ho avuto la possibilità di dedicarmi a ricerche in campo religioso e quanto ho concluso mi ha reso atto a smetterne d'esserlo. Non so dire se ciò sia stato un vantaggio o meno, dato che, dal punto di vista singolo, la cosa mi ha reso una persona libera e serena, laddove da quello sociale mi ha arrecato sicuramente tanti problemi da parte dei credenti "puri di cuore", seguaci di un dio altrettanto "liberale" ("chi non è con me, è contro di me"...). Nonostante tutto ciò, mi sento con la coscienza a posto perché ho dedicato la vita alle mie ricerche, *in primis* per capire io stesso e poi per informare gli altri: il Sistema è senz'altro corrotto, ma ritenerlo tale senza impegnarsi a denunziarne la natura – quale che ne sia il prezzo – è senz'altro collusione.

Via via che avanzavo, mi accorgevo sempre di più di come il Sistema stesso fosse fondato senz'altro su Dio, che a sua volta risultava essere un concetto falso desunto da funzioni di specie, dalla struttura sociale e da una traslazione dell'universo quale metafora del Tutto; il cristianesimo, poi, era addirittura un "falso nel falso", in quanto costruzione strumentale e beffarda basata su gravi e proditorie deformazioni storiche e psicologiche. Concomitantemente, mi rendevo conto anche del motivo per cui "gli altri" non riuscissero a capacitarsi di tutto ciò, al punto da reagire male – soprattutto – proprio contro chi cerca di informarli: siamo indottrinati in famiglia dai 3 anni in su, indi inviati in scuole dove insegnanti "laici" fanno "apologia di reato" infarcendo qualsiasi aspetto del loro "insegnamento" con "inserti subliminali" tratti da favole religiose, mentre i loro "colleghi" talari rincarano la dose con l'ora di religione (pagata dallo "Stato Laico"); la situazione continua con le "superiori", dove ti "evolvono" insegnandoti i rudimenti per contrastare i "nemici del Bene"; frattanto, non hai un attimo per fermarti a ragionare correttamente, per cui vai a formarti monolateralmente sulla falsariga di chi ode una sola campana; giunto all'università, ti paludi di seriosa pomposità dovuta all'unicità di indirizzo e formazione che avrai "scelto" (la "professionalità": solitamente basata su sempre le solite "professioni sicure") e che ti impedirà ulteriormente di "sforare"; poi dovrai pensare a "farti una famiglia", dacché è un impegno "imprescindibile" decretato "da Dio" ("lascerai la famiglia di tuo padre" etc.), a cui cagione dovrai trovarti innanzitutto un "buon lavoro", che, essendo basato sul *do ut des* come è giusto che sia, ovvero sullo scambio commerciale aprioristicamente fondato sulla truffa, inconsciamente ti farà reputare l'inganno religioso come qualcosa di "naturale" (anzi, "necessario") per mantenere lo "status quo". L'ovile si chiude: il gioco è fatto.

Quando, invece, a partire da una certa età (nel mio

14

caso, sin dal liceo), ti dedichi seriamente a capire come stanno veramente le cose, il disgusto che ti assale al constatare la realtà dopo anni d'aver creduto fermamente il contrario, ti rende "diverso": tutto è corrotto, non c'è speranza, nessuno ti ascolta, tutti criticano, ti ritengono "pazzo" e cercano di danneggiarti più o meno surrettiziamente. Sia chiaro, non è paranoia: si tratta di un effetto automaticamente invalso, perché di solito ti riesce difficile integrarti, specialmente qualora il livello di consapevolezza raggiunto fosse abbastanza profondo.

La gente, la società, non capisce: tende a metterti da parte. Stessa cosa fanno anche taluni "atei" vittime di un permissivismo stereotipo. Dopo anni d'esserti dedicato ad argomenti "tabù" che ti hanno precluso la "formazione" di cui sopra, sarà estremamente difficile anche crearti un'attività con cui vivere in una società che rifiuti. D'altronde, non avresti potuto fare altrimenti: qualora avessi condiviso l'impegno di ricerca con la "formazione", stai certo che non saresti giunto a certe conclusioni né ti saresti erto a portavoce di un dissenso completo e scevro da compromessi. Alfine, ti riesce difficile prepararti a qualsiasi tipo di attività;

tutto diventa uguale, "grigio", falso, *inutile*. E capisci anche che si lavora soltanto per se stessi, togliendo qualcosa a qualcun altro; d'altronde, è un inganno anche il tributo in danaro concessoti da una società del genere per il "lavoro" che svolgeresti al suo interno.

A causarti tutti questi problemi non è un dio inesistente: *è la tua reazione al Sistema*, a farti pensare ciò. Paradossalmente, quella stessa gente che cerchi d'allertare reagisce a chi perturba lo "status quo" in cui è immersa, perché non desidera cambiare le cose, dato che essa trae vantaggio dal Sistema stesso. "Come vivremo, se il vicino saprà che non siamo dei timorati oranti? Che integrazione avremo, se non possederemo un punto in comune con gli altri?": questo è il pensiero a sottofondo inconscio del comportamento della persona "normale", "semplice", che vive soltanto per sé e ritenendo come unico impegno esistenziale il procacciamento di soldi per vivere o sognare non già l'indispensabile, bensì il "dipiù"… Non mi riferisco soltanto a chi, ignaro della cloaca ristagnante al di sotto della crosta del perbenismo conformato, propugna l'esistenza di ciò che non esiste semplicemente perché crederci implica impostare un pensiero sereno: mi riferisco anche e soprattutto a chi è ben conscio dell'inesistenza di certe cose, ma vuol credere o far credere il contrario a tutti i costi, per *utile*. Questo tipo di gente è già complice di un sistema del genere e potenziale carnefice di chi lo contrasta: e deve trattarsi per forza della quasi totalità dell'umanità, dal momento che – come vogliono i religiosi – "*tutti* (?) credono *comunque* in qualcosa"!

Fortunatamente per loro, il prete sa benissimo che chiunque svolga una "vita regolare" come la loro sia impossibilitato a capire l'inganno religioso; e lo sa anche il dirigente suo complice, che vive – come lui – di prebende estorte al contribuente medesimo, proprio in virtù del presentarsi come cittadino privilegiato e timorato di Dio. Questo è il loro "serio lavoro"; questo è quanto "producono".

Non ci resta che sperare.

B. C.

Introduzione

Introduzione

Anche Satana talora si veste da angelo di luce.

Paolo di Tarso

In merito ai fondatori della Chiesa sussiste un macroscopico errore di base: si guarda al loro "contributo dottrinario" ma non alle loro vite. La storia del cristianesimo è materiata prevalentemente di "diversi sociali" che hanno agito *magna cum parte* "come se Dio non ci fosse", pur credendo ciecamente in Lui e nella sua "incarnazione terrena": eremiti avvezzi a pratiche aberranti, profeti istigatori di scontri politico-culturali, fanatici vogliosi di martirio, santoni omofobi, misogini e omofili, eretici, intrighi, crimini, follie, peccati...

Il religioso è ritenuto automaticamente qualcuno al quale tutto è concesso. Non ci si cura se mangiasse pane e sterco o se dormisse tra le ortiche dei cimiteri: ciò che conta è lo stereotipo di santità, l'azione "eroica" proiettata noncurantemente nell'anelito dell'eternità e non già della vita quotidiana. L'anormale è già

21

sinonimo di *status* di "santità", che l'uomo comune difende a spada tratta per esorcizzarla dalla sfera del proprio quotidiano, limitandosi a valorizzare soltanto gli eventuali risvolti positivi del credere.

Il santo, quale alienato *par excellence*, incarna un campionario consolidato della psicopatogenesi: né più né meno di quanto accadeva tra i pagani, già nella Bibbia ci viene detto che il profeta è folle ed ebbro, come ammetteva proprio uno di loro, Osea. Più recentemente, Paolo (famoso per aver affermato che Dio si fa conoscere soltanto "con la stoltezza della predicazione") scrisse ai galati d'aver annunziato il Vangelo a cagione d'una *malattia fisica*, evidentemente grave al punto da alienarlo: "infatti" scriveva ai romani "non faccio ciò che voglio, bensì quel che odio: con la mente servo la legge di Dio e con la carne quella del peccato"!

Il santo, quale individuo incapace di padroneggiarsi, ovvero il "peccatore pentito" che abbraccia un'illusione elevativa nell'ipotesi di purificarsi da "eccessi di carnalità", costituisce un corollario alla regola. Di norma si omette di precisare che non si nasca "santi", bensì che lo si diventi per *reazione*; difatti, la maggior parte dei grandi "santi" sono stati (e talora hanno continuato a essere) anche dei grandi peccatori, che hanno tentato di mondarsi dai precedenti eccessi abbracciando una vita di aspre privazioni e scadendo così nell'altro eccesso. In ciò la gente ha visto un esempio da tenere a mente senza emularlo in atto pratico: infatti, il "santo" serve al "comune mortale" come riferimento di *reset* ogni qual volta egli si trovasse invischiato nelle ragnatele dei peccati, che sono dilaganti là dove la gente sarà stata abituata a pensare che esistano persone capaci di assolverli...

Non tutti siamo così forti da compiere digiuni, rinunciare a un bel vestito o soprattutto a fare sesso, il "peccato" più diffuso anche tra questi "pentiti" e che il pio ritiene esecrabile qualora compiuto per finalità non esclusivamente procreative. Moltissimi "santi" hanno creduto di poter evitare l'ossessione sessuale versandosi anima e corpo nello studio di "cose divine", ovvero punendosi con penitenze o addirittura mutilandosi; il benpensante ritiene comunque che sia più folle attaccare Dio, senza capire che esistono forme di Male spacciate come egida del Bene, pretendendo che, senza religioni, le cose andrebbero peggio.

Il fedele laico crede dunque che la stoltezza dei santi sia normalità: anzi, una forma di "super-normalità" giustificata dal pentimento, mentre il "nemico di Dio" agirà sicuramente per "cattiveria" e spinto da chissà quale problema personale! In realtà, lo *scettico realista* attacca semplicemente il credere in *cose che non esistono* e che, in quanto tali, risiedono all'origine della mentalità da cui, in realtà, *scaturiscono le vere cause dei problemi sociali.* Pretendere che una critica risulti infondata già soltanto perché muoverebbe da una qualche insoddisfazione personale è senz'altro un preconcetto volgare, dacché è ovvio che senza un'insoddisfazione di fondo non agiremmo: viceversa, dato che qualsiasi punto di vista partirebbe automaticamente da un preconcetto, dovremmo giungere al limite che nessuno dovrebbe poter esprimere alcun tipo d'opinione, per timore d'essere bollati in un qualsiasi modo. Dall'altro canto, è pur vero che occorra fare delle distinzioni, dato che non stiamo parlando di un'opinione personale su un colore o un sapore, bensì delle credenze di persone che pensano d'esser state chiamate da esseri sovrannaturali a guidare l'uomo comune.

La maggioranza degli esseri umani al mondo crede

in qualcosa di "superiore": perciò il credente ha pensato che Dio debba esistere per forza di cose. In realtà, la diffusione di una data credenza non implica che essa sia vera: ancora fino a quattro secoli fa si credeva con assoluta certezza che la Terra fosse al centro dell'universo e si giustiziava chi non poteva crederci, sicché la "maggioranza" credeva vera una cosa falsa semplicemente perché *pochi* potenti la *costringevano* a farlo.

Per quanto riguarda Dio, il problema è simile, ma con una particolarità: laddove nel caso di nozioni "di contorno" come il geocentrismo l'uomo potrebbe anche ammettere di sbagliarsi, quando si arriva alle dimostrazioni sull'inesistenza di Dio egli fa massimamente orecchie da mercante, perché da Dio egli fa dipendere tanti – presunti – equilibri sociali e personali. Se da un lato è vero che non potremmo attribuire la colpa dei problemi umani a delle divinità *inesistenti*, dall'altro canto potremmo addossarla benissimo al credere che esse esistano *senza dubbio*. La possibilità d'esprimere una valutazione *oggi*, dopo secoli di persecuzioni contro i dissidenti, implicherebbe già che l'originaria presunzione d'intoccabilità clericale debba comunque cedere il posto alle vicende umane: passibili di suscitare non già facile pietismo, bensì una critica *costruttiva*, utile per riesumare le reali motivazioni di una data azione e concezione.

Sia chiaro: nell'evoluzione socio-culturale umana, tutto ciò ha costituito un errore *inevitabile*, dal quale potremmo comunque imparare parecchio per il futuro. Nelle vicende personali di coloro i quali hanno gittato le fondamenta dottrinarie della Chiesa e plasmato la *forma mentis* dell'Occidente, potremmo reperire sicuramente fecondi spunti psico-antropologici, utili per capire come mai l'uomo fatichi a immunizzarsi da una certa qual "sacra follia", insita nel credersi l'unico essere intelligente in un universo talmente vasto da suggerirgli l'illusione dell'iperbole dell'infinito; quel che è meglio, potremmo sperare di trovarvi anche la panacea per guarire da una così oscura presunzione che funge da eterno sfondo al triste gioco dello sfruttamento degli ignari e che finora ci ha precluso l'iscrizione a un consorzio cosmico.

Santi come noi

I. *Sitz im Leben?*

Senza pregare, è semplicemente impossibile con-
durre una vita virtuosa.

Giovanni Crisostomo

In questo breve elenco ragionato mi occuperò di
rassegnare, per quanto possibile, le vite, i fatti e le
opere dei maggiori teologi, apologisti, scrittori e "santi" cristiani vissuti dal I al IV secolo: ovvero, dagli al-
bori del cristianesimo alla fine formale della Patristi-
ca. Nel più pieno spirito dell'imparzialità di scrutinio,
a tal scopo mi avvarrò di fonti consolidate, per massima parte dirette e facilmente accessibili a chiunque;
naturalmente, per gran parte si tratta di testi di autori
religiosi, raccolte fondamentali come la collezione pa-
trologica del tedesco *Schaff* (che ho privilegiato rispetto all'analoga produzione del cattolico francese
Migne), ovvero opere dizionarie come quella del sa-
cerdote inglese *Wace*, valido riferimento immune al
trascorrere del tempo al pari della produzione del gesuita francese *Hippolyte Delehaye*, grande decano de-

gli studi agiografici successivi a Bollandus. Nell'economia di una disamina incentrata su qualcosa come il cristianesimo, opere siffatte risultano imprescindibili per scrutinare i dati in generale che i loro autori riportano in forma sintetica, tentando indirettamente di farne esegesi e apologia di mestiere; in tal senso, dopo aver preso atto delle loro posizioni, procederò alla vidimazione delle fonti *dirette*.

Trattandosi di apologisti ed esegeti talari, le loro attualizzazioni hanno dovuto essere equalizzate giocoforza con citazioni da vari autori laici: tra questi, non sarebbe stato possibile omettere un altro classico capostipite come l'inglese *Edward Gibbon*, autore di un'opera tanto titanica quanto solerte, a testimonianza del fatto che – prescindendo da qualche sua scusabile forzatura – sovente non sia obbligatorio essere dei titolati accreditati in una data disciplina, per produrre documenti validi e conditi da una salvifica arguzia.

Ho ritenuto necessario utilizzare di prevalenza questi classici sia perché si tratta delle migliori fonti generali tuttora disponibili, sia perché talora le elaborazioni dei teologi moderni non risultano altrettanto rilassate: la stessa provenienza geografica potrebbe farci capire come mai la produzione nostrana del medesimo periodo lasci molto a desiderare quanto a contenuti e imparzialità. Inoltre, nonostante la datazione, queste raccolte critiche risultano comunque sempre attuali per via della peculiarità delle indagini, talché offrono anche un ottimo spunto per capire in che modo anche i loro autori minimizzavano i contenuti dei documenti degli scrittori cristiani meno coerenti (che possiamo comunque esaminare indipendentemente da esse...). Rispetto a loro, i teologi moderni si trovano ugualmente penalizzati a cagione del famigerato "giuramento anti-modernista" decretato da Pio X, sicché si sono visti costretti ad aderire acriticamente alle delibere della Chiesa: così non potrebbero far altro che turarsi le orecchie e riciclare sordamente le solite cose, arricchendole via via di barocchi formalismi estatici.

A parte ciò, data la vastità dell'argomento ho ritenuto indispensabile fa sì che questo mio lavoro fosse caratterizzato da una certa qual sinteticità: qui lo scopo consiste sia nell'illustrare i fatti reali che nel fornire una traccia di elaborazione a chiunque volesse addentrarsi nella materia con proprio agio, così da sincerarsi personalmente e con altra copie di dettagli.

*

Il periodo qui trattato si dipana a ridosso di una lunga parabola teorica iniziata con Paolo di Tarso e culminata col concilio calcedoniano: periodo di intrighi, persecuzioni, esilii, lotte, rinnovamenti e consolidamenti ideologici che preluderanno alla mutazione di un'intera èra. Sicuramente si può affermare altresì che questa sia stata l'epoca più pregnante per quanto riguarda la formazione del canone teologico-filosofico cristiano, soprattutto a cagione delle forti influenze ripercossesi sulla formazione dei protagonisti dell'azione cristiana e della mentalità dell'uomo comune: di lì a poco, la crisi teorico-letteraria verrà parallelizzata da quella a carattere politico-economico culminante nella fine dell'Impero d'Occidente.

Altrettanto certo è che, nonostante l'ambito di riferimento eventualmente inviso per chi concepisce la vita su modelli più carnali, si tratti comunque di un periodo avvincente perlomeno dal punto di vista di dietrologia e dinamica storica globale: un periodo che, dati gli effetti scaturitine fin oggi, varrebbe senz'altro la pena di scrutinare *su tutti i livelli*, proprio perché l'ambito è quello del "divino" (altrimenti insospettabile come causa efficiente nelle cose "mundane").

Il cittadino coscienzioso ha il dovere di scuotersi dal torpore di una società spersonalizzata, consumistica, massificata, autocentrica e gadgettizzata, informandosi meglio su quanto concerne lo sviluppo di eventi che egli ha sempre dato per scontato. I sommovimenti a carattere religioso hanno sempre condizionato qualsiasi aspetto della società *più di quelli di tipo politico*: anzi, non è peregrino affermare che entrambi abbiano parecchio in comune, al punto che le loro cause risultano sovente interconnesse e inestricabili. Di norma queste ultime sono state risibili e afferenti a una programmazione politica che motivava sanguinose dispute intestine o contro i pagani; detti contrasti si dimostreranno pivotali, perché tramite l'accettazione di un dato *set* dogmatico si effettuava un *imprinting* nei confronti del popolo, condizionandone così l'agire. Talora, persino l'aggiungere o cassare una semplice parola (si ricordi ad esempio il famigerato *filioque*) o addirittura il cambio di una lettera in un termine portante (ad esempio *homousion* e *homoiusion*), potevano scaturire in feroci lotte per restaurare, con la forza o con l'inganno, la linea di pensiero prestabilita.

Tutto ciò ha reso la teologia cristiana una sorta di *sedimentazione progressiva* (già Zosimo la riterrà tale): partendo da un assunto basilare e universale quale è il discrimine tra la natura divina e quella umana, i teologi finivano giocoforza per accumulare tutta una pletora di elucubrazioni che godono di una plausibilità *apparente*, ovvero relativa al contesto storico-geografico e alle necessità *demagogiche* per cui le si formulava. Ad esempio, secondo la teologia deutero-biblica, Dio è tutto ciò che l'uomo *non* è: ovverosia, onnipotente, onnisciente, onnipresente... e invisibile! Nella variante cristiana, codesto essere supremo, che in altre circostanze è ritenuto dotato di poteri tali da trarre addirittura "l'universo dal nulla" [1], non trova altro che farsi crocefiggere (dunque, impone *a se stesso* un *suicidio*) per mondare l'uomo da "peccati", commessi a cagione di quel "libero arbitrio" che egli stesso gli avrebbe accordato!

Il teologo più preparato "sa già" che non sarebbe stato possibile mondare l'uomo in un batter d'occhio

---

[1] La creazione cosiddetta *ex nihilo* è tipica del cristianesimo: l'ebraismo si accordava con le cosmogonie pagane parlando di un dio di tipo demiurgico, che avrebbe ordinato un preesistente universo caotico e informe.

con un miracolo: sarebbe stato sin troppo facile! Siccome l'uomo tende a dimenticare il dovere perché il richiamo dei piaceri è "più forte" del richiamo al dovere, evidentemente Dio decise di fornirgli un esempio *cruento* che scatenasse in questa sua "vile creatura" il senso di pietà e di rimorso! Questa "morte esemplare", però, si risolve comunque in un nulla di fatto, perché questo "Dio carnefice di Dio" resuscita tre giorni dopo, inviando i propri seguaci a diffondere "ovunque al mondo" questa ridicola vicenda e precisando che chiunque non avrebbe creduto in essa sarebbe stato gettato nello "stagno di fuoco" al suo futuro ritorno sulla Terra: che "è certo", sebbene "solo il Padre" ne conoscerebbe "il giorno e l'ora"…

Come fa l'essere umano a sapere tutto ciò? Semplicissimo: Dio sarà pur invisibile, ma quegli stessi "libri sacri" che ce ne parlano sono stati scritti da uomini "eletti" e talmente puri e superiori, da sentire la Sua voce dettar loro tutte queste belle cose! Si badi: questa "entità perfettissima" non è dotata della facoltà d'essere visibile, bensì della sola *voce*! La vista umana (che d'altronde è "un senso materialissimo e fallace") non lo percepisce, mentre le orecchie evidentemente non sono altrettanto imperfette!

Data la risibilità della pretesa, i teologi si affrettano a impostare una variante, dicendo che Dio "si fa sentire" nel senso che "parla" all'uomo "interiormente": "nel cuore", "nell'anima": come se tale "interiorità" non facesse parte del corpo umano, ovvero del cervello che dovrebbe elaborare la forma d'onda d'una "voce divina" che si abbassa *ad libitum* al livello dei miseri sensi della vile creatura umana, tratta dal fango a Sua "immagine e somiglianza"!

Volendo, in tutto ciò la cosa più gustosa consiste nel fatto che, quando rassegniamo queste cretinerie nella loro interezza anziché nei tipici "pezzi e bocconi" delle prediche dal pulpito, l'essere umano (leggasi, la persona di coscienza e non il burattino che chiude le orecchie a qualsiasi spiegazione scomoda) riesce a sorriderne perché si rende conto di trovarsi dinnanzi a disperate invenzioni escogitate da altri uomini. Invece, i più irriducibili che non riescono a fare a meno di droghe religiose scagliano prontamente anatemi, tacciando il malcapitato di "blasfemia", "materialismo" e "pochezza di spirito": e siamo ancora entro i limiti, considerato quel che attendeva il "blasfemo" quando imperava ancora l'Inquisizione!

Mi rendo comunque conto del fatto che, a modo loro, le reazioni dei credenti siano giustificate: uno dei motivi principali per cui essi si turano le orecchie nei confronti dell'evidenza deriva dal pensare che chi li allerta vorrebbe semplicemente accusarli d'esser stati dei creduloni, laddove l'informazione avrebbe uno scopo sociale *che consiste nello smascherare chi approfitta della gente spacciando fandonie.* D'altronde, non credo nemmeno che sia necessario essere dei teologi (anzi, sicuramente il contrario...) per constatare che, in tutti i suoi risibili limiti logici e le sue psicotiche contraddizioni, una storiella come quella evangelica sia una primitiva invenzione di sofisti ignoranti e amorali, dediti a una logica assai periferica e finalizzata a giustificare, con modelli desunti da interazioni umane (come ad esempio il rapporto tra padre e figlio) come mai l'uomo agisca compiendo prevalentemente cattive azioni su questo "migliore dei mondi possibili", creato da una divinità che, per averci fatto esistere, dev'esser stata per forza di cose buona e onnisciente! Altrettanto naturalmente, da cose del genere non potevano che scaturire a catena tutta una serie di assurdità, culminanti nella formulazione dell'icona di Gesù: bastone per i potenziali ribelli e carota per le pecorelle fedeli. Su questa scia c'è stato anche chi ha affermato che le due nature (altrimenti incompatibili *ab imis*) si fossero fuse in una; chi gli chiedeva in che modo qualcosa di divino avrebbe mai potuto risiedere in un corpo umano; chi intercalava che fossero domande vane, perché si trattava di un "mistero della fede" e, come tale, irrisolvibile; chi invece tagliava corto, dicendo che occorresse piuttosto godersi la vita, infischiandosene di tutti questi autoerotismi mentali. E così via.

Naturalmente, i dotti si guardavano bene dall'analizzare pubblicamente l'assurdità insita nell'idea di un Essere Supremo di tal fatta: e si stia certi che, qualora non avessero equivocato il loro proficuo impegno promotivo come un lavoro di suprema responsabilità, sicuramente avrebbero avuto anche il tempo e l'onestà per accorgersi di cosa stessero propagandando realmente per "verità assoluta".

*

Gli inconvenienti testé delineati sono una derivata del fatto che i vangeli non raccontano la vicenda di "divinità incarnate" storicamente esistite, bensì – come ho rilevato dettagliatamente altrove e come ricorderemo velocemente anche qui – hanno mistificato la natura di un *movimento politico ribelle all'impero romano*: ciò fece sì che l'Occidente poté adottare una "religione" scaturita da mozioni politiche che, in altri casi, non sarebbe risultata innestabile nemmeno nella sua presunta madrepatria: nei luoghi della sua presunta origine questo movimento politico-religioso era stato *ampiamente* respinto come fonte di guai dagli ebrei ortodossi (non per nulla ritenuti "duri di cuore" e "deicidi"…), il che indica chiaramente tanto la sua pericolosità quanto la sua capacità d'essere modificata con contaminazioni pagane, di modo da poter essere utilizzata come boomerang contro i dissidenti stessi.

In secondo luogo, le acrobazie teologiche derivano dal fatto che, *tanto come culto quanto come articoli di fede*, il cristianesimo risulta essere una religione basata sulla riedizione di *sistemi filosofici* e *culti precedenti*. Per tutti i primi tre secoli della storia cristiana, non c'è teologo o apologista che, nell'esecrarli come ridicoli e inesistenti, altro non farà fuorché perpetuare la ricognizione delle divinità passate, trasponendole nei santi "monoteisti" per unificare più economicamente le tante genti di un impero in crisi. Molti di loro utilizzeranno articoli di paganesimo addirittura per avallare che il cristianesimo fosse una religione fondata su fatti storici: ecco allora personaggi pagani che profetizzavano Gesù, esseri favolosi che ne confermavano la resurrezione e via dicendo. Ad esempio, nel *De Testimonio Animae*, il cartaginese *Tertulliano*, che riteneva la favolosa Fenice una prova "sicura" della resurrezione di Gesù (che secondo lui sarebbe *"certa proprio in quanto cosa assurda"*!), *affermò chiaramente che i suoi predecessori avessero saccheggiato la paganità per escogitare dottrine a supporto del cristianesimo.* In effetti, alcuni suoi colleghi riprenderanno addirittura Platone, Aristotele e altri filosofi pagani, approfittando di qualche spunto in comune per dichiararli addirittura *"cristiani prima di Cristo"*, come faranno ad esempio Giustino, Clemente o Agostino: addirittura, dopo aver ringhiato anch'egli contro i colleghi che saccheggiavano il passato, nel *De Doctrina Christiana* l'ultimo di questi tre "padri" si spinse addirittura a dire che non si dovesse temere le filosofie pagane, bensì che si doveva *impossessarsene* come se i loro formulatori fossero stati "ingiusti possessori"! Non potremmo dargli torto: molte divinità e personaggi pagani, già utilizzati nell'arte catacombale come modelli per iconizzare Gesù e il suo *entourage*, possedevano aureole e ali ben prima che il cristianesimo se ne appropriasse per le sue iconografie. Questi personaggi, oramai improponibili in quelle epoche di disgregazione e disincanto, sparirono in nome e apparato scenico per poi ricomparire sotto mentite spoglie, talché persino esperti d'indubbio schieramento come il gesuita Delehaye ammisero onestamente che le agiografie cristiane fossero per gran parte *rielaborazioni* più o meno grossolane di mitologie *pagane* analoghe o addirittura delle *pure invenzioni*; dal canto suo, il contemporaneo Wace confessava che

le leggende dei martiri [...] sembrano aver sostituito *miti pagani duri a morire*: Cristoforo al posto di Ercole, Sebastiano per Apollo, Ursula per Diana, Agnese per Proserpina... Cosma e Damiano sostituirono Asclepio, nella cui storia il paganesimo si avvicinava quantopiù possibile alla Cristianità.

La pratica di ricostruire edifici su rovine pagane sarà per secoli un *must* dell'architettura cristiana. Una delle più celebre arche di scienza della Cristianità,

Gregorio Magno, che beneficiò grandemente dei ricavi di grosse patacche spacciate per reliquie, consigliava ai missionari inviati in Inghilterra di non radere al suolo i templi pagani, bensì di sostituirne gli idoli con paramenti e reliquie cristiane, cosicché i conversi avessero saputo dove continuare a portare i doni precedentemente recati a questa o quella divinità! Poca cosa: Giovanni di Efeso, missionario di Giustiniano, ci informava d'aver edificato ben *novanta monasteri* sulle rovine di templi pagani! D'altronde, l'evidenza dell'eredità era così palese che, quasi un secolo prima di lui, a solo qualche decennio dalle scorribande dello zio Costantino contro i templi pagani [1], Giuliano l'Apostata fu accolto dal vescovo cristiano Pegasio di Troade nel tempio di Minerva, forse risparmiato dai persecutori o riattato dallo stesso prelato, che vi aveva effettuato addirittura dei sacrifici avanzando a scusante il fatto che la stessa cosa venisse fatta in onore dei martiri! Non molti anni dopo, scrivendo all'ex discepolo Agostino, l'arguto e raffinato grammatico pagà-

---

[1] A Costantino dobbiamo oltre quindici templi rasi al suolo e un numero imprecisato di libri bruciati, soltanto dal 324 al 326.

no *Massimo di Madaura* sottolineava che il cristianesimo fosse essenzialmente un tentativo di resurrezione di "barbarie *orientali*", per *sostituire* l'aureo culto degli dèi pagani con quello di *criminali giustiziati*; stessa cosa pensava il filosofo *Eunapio da Sardi* (fl 410), che per ciò si attirò gli strali dei censori. Un altro ex maestro dell'Ipponate, il manicheo *Fausto da Milevi*, ebbe a rimarcargli addirittura che non sussistesse alcuna differenza tra pagani e cristiani, come leggiamo in un famoso brano di un apposito libello dedicatogli da Agostino:

> Voi avete sostituito l'agape ai sacrifici dei pagani, e i *martiri ai loro idoli* [...] Come i pagani, tentate di conciliarvi le ombre dell'Ade con vino e feste; celebrate *le loro medesime ricorrenze*, col calendario, *nei solstizi*; e così i loro costumi. *Nulla vi distingue da loro*, salvo il fatto che *vi riunite di nascosto*.

L'aver ricavato la cultologia cristiana da estensioni della mitologia pagana costituì la concausa dell'ingegnarsi costantemente a riverniciare l'evidenza, affinché il cristianesimo potesse passare come qualcosa di originale; dal momento che tale adattamento doveva inerire a una mole *sterminata* di precedenti, chiaramente ne derivava che, a ogni trovata escogitata per tappare una falla, ne seguiva un'altra e così via.

Dapprincipio la riedizione del passato fu effettuata a partire dalle aree d'influenza delle metropoli orientali (Antiochia, Cartagine, Alessandria, Costantinopoli), che per secoli erano state focolai di paganità e covi d'antipatia nei confronti degli invasori romani. In effetti, i Proto-Padri criticavano Roma finché essa avversava il cristianesimo come elemento *sovversivo* nei suoi confronti, ma in realtà erano febbrilmente bisognosi di ricollegarsi sotterraneamente a un passato solido e riconosciuto quale fu quello dell'impero e della romanità; ma soprattutto, anelavano a impossessarsi delle sue strutture, dei suoi edifici, dei suoi lasciti *materiali*. Per ricollegarsi a tale passato e inaugurare superficialmente un nuovo corso unitario, i cavillosi "avvocati di Dio" accatastavano articoli filosofici e teologici estrapolandoli dalla tradizione platonica e stoica, conformando così un messia snervato e "pacifista" a una concezione della vita incentrata sulla *sofferenza*, intesa quale strumento per assoggettare la popolazione al volere del potere centrale dietro il pretesto di fratellanza e solidarietà (indispensabili come coesionanti in quei periodi di crisi).

Finché il vescovato romano non riuscì a imporre sulle altre Chiese il proprio primato quale sede degli "eredi di Pietro", per tutto questo periodo si assisté altresì a un atteggiamento autonomista ostentato in primo luogo da parte delle diocesi di Alessandria e Antiochia, che erano state i fulcri dell'elaborazione ideologica cristiana ben prima di Roma; alfine sarà proprio quest'ultima, cioè l'Italia, la *mentalità dell'italiano*, ad aver costruito e innalzato il primato del *cattolicesimo*, per *autoregolarsi*. Una religione dominante è espressione dei fattori logistici, antropologici, risorsistici e climatici dei luoghi in cui nasce, si radica e vige: il cristianesimo è dunque una religione *a misura d'occidentale* e la sua variante cattolica è *a misura d'italiano*, delle sue virtù e – soprattutto – dei suoi difetti.

Dopoché le altre sedi furono secondarizzate all'Urbe nella formulazione e detenzione degli articoli di fede, la mentalità romanizzata è riuscita a replicare l'espansione militare sostituendo le diocesi alle legioni in tutte le aree etnicamente compatibili con il *background* romano e indeuropeo in genere, salvo tenui differenziazioni in base alle latitudini: ove tali fattori d'omogeneizzabilità fossero risultati carenti, il cristianesimo veniva (e viene tuttora) aspramente osteggiato.

*

È pacifico che, alla lunga, siffatto modo di costruire una religione non potesse non comportare seri problemi di completezza, arrivando a far sì che il clima di paranoia, ipocrisia e barbarie scaturisse solitamente in feroci lotte intestine: dopoché il cristianesimo ebbe vinto contro il paganesimo, si trovò dunque a combattere senza sosta contro i suoi stessi figli con viltà, violenza, inganno, ignoranza e protervia.

A titolo esemplare del modo in cui si verificava ciò, potremmo apportare il caso dell'archimandrita *Eutiche* di Costantinopoli (378-454), sostenitore della tesi *monofisita*, secondo la quale la natura divina e umana si fossero "fuse" in un tutt'uno nella persona di Gesù. Questa teoria, di per sé ridicola, fu vista come la più pericolosa eresia sin dal tempo di Ario per motivi politici ammantati da pretesti "spirituali": la nozione costituiva, infatti, un ostacolo alla linea in voga fino a quel momento, ovvero che le nature fossero rimaste comunque *separate*, tesi che tornava comoda alla separazione tra Chiesa e Stato (nella misura in cui il secondo avrebbe dovuto comunque dipendere dalla prima, ovviamente). Nella logica di questi santoni, tale motivazione veniva camuffata con un'altra assurdità: e cioè che, in caso contrario, Gesù non avrebbe potuto salvarci perché non avrebbe potuto soffrire con un corpo umano! Nel 448 Eutiche si vide quindi chiamato in giudizio a Costantinopoli dal suo stesso metropolita, il celebratissimo *Flaviano,* apparentemente per dargli la possibilità di discolparsi ma in realtà per usarlo come esempio punitivo.

L'interrogatore di Eutiche, tal Fiorenzio, gli intimò dunque di riconoscere le due nature, pena la scomunica; ma ciò non sarebbe bastato comunque a salvarlo, perché la folla schiumante impose l'opinione per cui una sottoscrizione rilasciata forzatamente non sarebbe stata giudicata valida *in alcun caso*! Dunque, la folla, imbevuta di nozioni che erano entrate nella sua mentalità, influenzò i giudici che l'avevano informata ad essa stessa! Per cui, vuoi o non vuoi, la condanna di Eutiche era già stata predeterminata, così da fungere *da esempio* per altri *potenziali* ribelli: qualsiasi difesa sarebbe stata palliativa.

Ma la divina altalena non s'era ancora fermata: dato che la posta in ballo era molto alta anche per gli eutichiani, al concilio dell'anno seguente, stavolta indetto col supporto imperiale dall'arcivescovo alessandrino *Dioscoro*, Eutiche e la sua dottrina furono riabilitati e i loro avversari condannati (Flaviano stesso vi trovò addirittura la morte); l'anno successivo, venuto meno l'aiuto dell'imperatore, la situazione si capovolse ancora una volta, portando alla definitiva condanna degli "eretici"!

Ecco in che modo il dio "indefinibile e inconoscibile" diventava un concetto fornito di attributi "plausibili" a seconda di quanto escogitavano a turno taluni "scrutatori dell'Inscrutabile", bramosi d'emergere al posto dei predecessori!

Un dio del genere traeva dunque plausibilità non già da attributi sensati, bensì piuttosto *dall'erotizzarsi d'esser capaci d'escogitare sofismi sempre più convoluti con cui confondere e buggerare l'avversario e il* "gregge". Il rigorismo che sanciva le condanne dei dissidenti avallava l'omissione d'analisi sulla logicità di un'affermazione, dacché la si assumeva come indubitabile in quanto scaturita dalle decisioni di un concilio di "santi" influenzato perlopiù dall'input di un singolo fanatico carismatico, come vedremo ad esempio nel caso di *Cirillo*: ed erano soltanto questi concilii a sanzionare le caratteristiche dei loro dèi "verissimi", tramite anatemi e minacce violente.

Tutto ciò era in perfetta linea col modo in cui i teologi inventavano alla bisogna gli articoli di fede, spesso facendo un *collage* di "Scritture", ovvero *manipolando i testi esistenti* o scrivendone addirittura di sana pianta. In tal modo essi "scoprirono" l'esistenza dell'Inferno, del Purgatorio e del Limbo, la cui veridicità è talmente indubbia che i loro epigoni ne hanno accertato l'inesistenza, dopoché ebbe rivestito per secoli una mozione utilissima alla causa del battesimo! Allo stesso modo decretarono la perpetua verginità di Maria e la sua assunzione, sbozzarono l'icona del Diavolo, asseverarono la transustanziazione e, soprattutto, brevettarono l'infallibilità del vescovo di Roma: il tutto – naturalmente – per diretta ispirazione divina!

*

Nel bene o nel male, dunque, la storia del Cristianesimo è innegabilmente la storia dell'Occidente e – fino a una certa qual razione – indirettamente anche *del*

49

mondo intero successivo al Concilio di Nicea, apice dell'epoca in esame. Costantino (272 – 337) avrà già pensato di preparare l'ascesa materiale della Chiesa con tutta una serie di provvedimenti favorevoli, attuati a cavallo tra il 310 e l'anno del fatidico sinodo niceno: il beneplacito d'affrancare gli schiavi dinnanzi al vescovo fu il primo passo per riconoscere agli alti prelati un ruolo da giudici, testimoni e liberatori, che andava ad aggiungersi a quello della gestione degli ostelli e dei nosocomi; nel 313, a ciò il figlio di Cloro aggiungerà anche l'esenzione dagli oneri tributari, che però revocò sette anni dopo, vistosi gabbato da una torma di maggiorenti laici che, nel miraggio d'evadere il fisco, si erano dati allegramente ai voti religiosi! Come dire, *nihil novi Sole.*

Il problema si complicherà ulteriormente allorquando, pacificata la situazione pagana a suon di stragi e incendi, Costantino traslocherà la corte nella città da lui ribattezzata, policentrando ulteriormente la già di per sé ben eccentrica ellisse ideologico-decisionale della Cristianità, allora strettamente salda nelle mani del potere temporale: e dovette passare ancora del tempo affinché la Chiesa Romana potesse riacquistare lo scettro e capovolgere la situazione.

Durante questa fase trasforme, le colpe sue (ma anche di Costanzo, Teodosio, Giustiniano e tanti altri distintisi nell'aver utilizzato la Chiesa come *instrumentum regni*, uniformandola a una falsariga di mistificazione) verranno tutte a galla, modellando un papato vieppiù concepito come principato terreno; peggio, si trasmetteranno inalterate fino ad epoca rinascimentale e illuminista, quando la società di diritto e l'informazione globale nascenti inizieranno a demistificare parecchi "misteri della fede" (o perlomeno a gettare una luce più ragionevole su tante ombre artificiali che li ammantavano), smorzando così la presunzione d'infallibilità papale con annessi e connessi.

II. *Quia dignus non sum*

> Altri possono desiderare una corona da martire; io non mi reputo degno di tanto onore.
>
> *Erasmo da Rotterdam*

Rassegnando a più elevato ingrandimento il periodo in questione, potremmo annotare innanzitutto come la maggioranza dei primi autori e teorici cristiani sia costituita pressoché totalmente da promotori e apologeti che furono pressoché tutti ex pagani e stranieri, provenienti da luoghi nei quali le religioni "politeiste" erano ancora molto radicate e l'odio verso Roma d'antichissima data [1]. Costoro si preoccuparono di narrare le vite dei campioni della fede, dettare princìpi dottrinari e difenderli dagli avversari nonché – spesso – persino dai loro stessi colleghi e precedenti amici.

Alle origini, gli scritti mirati a far legalizzare e dif-

---

[1] Inclusi personaggi oscuri e dubbi, tra i teologi e gli apologisti dei primi tre secoli possiamo annoverare non più di tre o quattro italiani, i maggiori dei quali (Clemente e Ippolito) restano comunque avvolti nell' incertezza.

fondere il cristianesimo erano indirizzati quasi invariabilmente a imperatori generalmente *propensi alla tolleranza,* come Traiano, Adriano, Marc'Aurelio, Alessandro Severo o Antonino Pio; in effetti, nonostante certi apologisti accreditassero feroci persecuzioni a taluni sovrani pagani, molti loro colleghi cristiani (testimoni oculari o attingenti a fonti meno artefatte) descrivevano i medesimi come esempi di liberalità e oculatezza. Sintomatico è anche che nessun apologista si fosse sognato d'inviare appelli a Nerone, Domiziano, Commodo, Caracalla, Massimino Trace, Decio, Valeriano, Diocleziano o altri coi quali si poteva scherzare poco, figurarsi usare toni arroganti contro l'impero, i suoi cittadini e il loro stile di vita!

A mio parere, nessuna invettiva cristiana contro la società imperante è mai pervenuta nelle mani di qualche imperatore: del resto, le lamentele sfociavano non di rado in una provocatorietà talmente gratuita, che potrebbe risultare comprensibile solamente considerandone gli autori dei mestieranti avvezzi al soliloquio, ingaggiati dalle gerarchie cristiane per – a dirla con le parole del Tarsiota – "promuovere Cristo con o senza ipocrisia" tra i circoli *interni* dei fedeli...

Le diatribe teoriche e gli appelli ai potenti erano estensione di una fondamentale carenza di buona fede in ogni ambito dell'attività teologico-apologetica, interna o esterna che fosse: per promuovere questa "religione nuova" – come la chiama ancora Paolo – non ci si peritò d'adeguarsi alla più sfacciata fantasia, contando sul fatto di detenere il potere e di poter costruire favole su fonti non più controllabili dalla massa. Dopo il Vaticano II la Chiesa ha sancito che le vicende di santi e martiri siano "conformi alla storia", ma questa dichiarazione è meramente autoreferenziante: le esagerazioni, i travisamenti e le *complete invenzioni* propagandistiche sulle vite di improbabili "eroi di Cristo", fanno parte di un tipo di politica che ha accompagnato *ab origine* l'ambiente clericale. Qualora confrontati con quei pur pochi referti laici rimastici, i dati offertici dalla Chiesa risultano magna cum parte implausibili e addirittura *inesistenti*, talché certuni teologi (inclusi gli autori qui citati) non hanno faticato ad ammettere che la stragrande maggioranza delle agiografie demeritino credito *persino alla luce della fede*!

Sia chiaro che le persecuzioni ci furono sicuramente, ma non certo nella quantità abnorme che siamo stati abituati a pensare; furono anche poca cosa, al confronto con quelle che saranno condotte dalla Cristianità contro pagani ed eretici. Usualmente il martire cristiano è additato a eterna fonte di rimorso per i persecutori della Cristianità, laddove le vittime fatte in due millenni dai cristiani sono ritenute ognora qualcosa da "contestualizzare": anzi, come ebbe a pretendere Wojtyla in occasione delle scuse pre-giubilari del 2000, il loro sacrificio sarebbe stato *provocato* addirittura dalla *stolidità* con cui si opposero ai *diktat* ecclesiastici! Il cristiano pare aver assunto inconsciamente che le persecuzioni a carico altrui fossero *lecite* sia per *vendetta* conto quelle subite dalla cristianità, sia perché il cristianesimo sarebbe la "vera religione del vero Dio", per cui si renderebbe *obbligatorio* difenderla contro gli attacchi di chi la ritiene falsa e nociva: un principio ribadito già a suo tempo da "santo" Agostino con la tesi del *committe intrare* e della già citata *"giusta persecuzione"*. Dall'epoca costantiniana in poi, molti apologisti (Tertulliano, Lattanzio ed Eusebio, a citarne i maggiori) sembreranno addirittura godere sadicamente di un voluttuoso compiacimento nell'intessere storie infarcite di dettagli granguignoleschi, che – dice

Gibbon – perlopiù parevano riflettere le modalità con cui i cristiani stessi perseguiteranno gli altri. "L'affresco della persecuzione", scrive Delehaye

> è sempre dipinto nel modo più tetro possibile: l'imperatore o il giudice appaiono come mostri in forma umana assetati di sangue, il cui unico scopo è quello d'eliminare la nuova fede dalla faccia della Terra... (op. cit.)

Nondimeno, le modalità di supplizio riflettono una sorta di canovaccio stilistico reiterativo, che parrebbe alludere a un qualche simbolismo poco chiaro nella sua finalità, ma sicuramente risibile nelle pretese: infatti, nella stragrande maggioranza dei casi il martire passava indenne da una mirabolante serie di atroci punizioni ad opera di questo o quel tiranno, finché la sua vita da *"superman* della fede" non cessava con una semplice decapitazione!

Se da un lato leggende come quella di Pancrazio da Roma o Nestore di Tessalonica saltano immediatamente all'occhio come indegne – a dirla col Francese – persino delle favole che una vecchina potrebbe raccontare ai nipoti, altri episodi stravolgono sfacciatamente persino la storia ufficiale, ma riescono comunque nel loro intento, perché è difficile controllare biunivocamente le fonti su due piedi. Ad esempio, l'ignoto autore della vicenda dell'oscuro martire Ciriaco di Roma pretendeva d'imbonirci che quest'ultimo fosse riuscito a convertire addirittura il re persiano *Sapore*, storicamente noto per aver avversato decisamente i cristiani *per tutta la vita* [1]; cosa vieppiù grave, leggende seriori farebbero di Ciriaco addirittura il figlio dell'imperatore Filippo l'Arabo, che però ebbe un solo discendente maschio e morto undicenne! Forse sortite del genere traevano forza dalla pretesa di *Eusebio* – il primo a riferire fandonie siffatte – di rendere a tutti i costi Filippo un sovrano cristiano, malgrado le evidenze storiche ci dicano che egli seguì sempre i culti di stato *pagani*, come ammette lo stesso Wace.

Una leggenda connessa alla precedente esigerebbe che un tal san Mario, d'origine persiana, sia stato martirizzato al tempo di *Claudio II il Gotico*, cioè proprio in un periodo in cui (come sappiamo dalla storia) non fu indetta alcuna persecuzione [2]! Un altro martirio fit-

---

[1] Il cristiano Sozomene afferma che le sue "vittime" siano state non meno di sedicimila nel corso di quasi quarant'anni di regno.

[2] Tutto sommato un ottimo imperatore, tant'è che è annoverabile tra i po-

tizio di questo stesso periodo sarebbe stato quello di
tal san Valentino da Terni, altrimenti giustiziato qualche secolo prima dal truce Aureliano: così pretende
l'amena *compilation* varaginiana, sulla cui attendibilità non occorre spendersi in commenti.

A parte i normali fini promotivi, le tematiche di
certe storie potevano avere altre finalità: ad esempio,
spiegare il perché di un provvedimento governativo
innescato dal "santo", che dunque veniva inteso come
"catalizzatore" della "Provvidenza". Il vescovo siriano
Teodoreto di Cirro (393-457), autore di una *Storia
Religiosa* unanimemente ritenuta poco seria, narra le
gesta di un tal san Telemaco, ignoto a tutti fuorché a
lui [1]. A parer suo, si trattava di un eremita orientale di-
sceso in una non meglio precisata arena a fermare un
combattimento gladiatorio, impietosendo così l'imperatore *Onorio* al punto da fargli bandire definitivamente i giochi circensi: cosa che, agli effetti, accadrà

---

chi morti di cause naturali: fu socio di Gallieno, il quale ritirò gli editti pa-
terni contro la Chiesa, che da quel momento in poi riacquista i beni materiali e inizia la propria ascesa temporale.

[1] Non è l'unico caso per quanto riguarda Teodoreto: è sempre lui, l'unico
a riferirci l'esistenza di personaggi ignoti a chiunque altro, come san Talas-
sio e san Marone, capostipite dei maroniti.

nella storia, ma non certo per iniziativa di un qualche santo cristiano! Il livello di veridicità di questa strana vicenda si misura anche dal fatto che, in una versione folkloristica più tarda, Telemaco veniva ucciso per aver *esortato* gli spettatori a rinunciare *agli dèi pagani*: lungi dal propendere per l'una o l'altra versione, personalmente riterrei più probabile che si tratti piuttosto di un "santo circostanziale", dal momento che, in greco, il suo nome significa qualcosa come "quello che mette fine ai combattimenti"…

Non di rado possiamo assistere a opinioni contrastanti tra questo o quell'autore in merito a un dato personaggio: se il Wace, ingannato dalle pretese di *dom* Ruinart, definì "indubbiamente storico" il ridicolo martirio itinerante di san Tàraco, Delehaye non esitò a bollarlo di un'infantile spurietà. "Indubbiamente", rincarava il gesuita

il capolavoro di questa produzione è la passione dei santi Clemente d'Ancira e Agatangelo: la scena dei loro tormenti è spostata di volta in volta da un'anonima città galiziana a Roma, poi a Nicomedia, Ancira, Amiso, Tarso e nuovamente ad Ancira. Questo *martirio ambulante* (!), arricchito dai più disparati miracoli, è prolungato nientemeno che per *ventotto anni* (!), nel corso dei quali essi vengono torturati [...] da persecutori che includono gli imperatori Diocleziano e Massimiano, i prefetti Domiziano, Agrippino, Curicio, Domizio, Sacerdone, Massimo, Afroisio, Lucio, Alessandro... (op. cit.)

Il problema della precisione dell'inquadramento cronologico è inversamente proporzionale all'importanza che questi personaggi avrebbero dovuto rivestire in seno alla Cristianità: ad esempio, su "santa" Cecilia gli agiografi non riuscirono a mettersi d'accordo sin dalle origini, talché il suo "martirio" – infarcito delle solite improbabili tematiche – fu spostato via via dal tempo di *Commodo* (ca. 170) da Fortunato di Poitiers, di *Alessandro Severo* (ca. 220) da Metafraste, di *Diocleziano* (ca. 290) dalle *Menologie Greche*, per finire con papa *Liberio* (ca. 352), che disconosceva una tal Cecilia pur essendo vissuto presso il suo periodo...

Non di rado queste "falle cronologiche" erano causate dalla disattenzioni dei copisti. Ad esempio, il bollandista seicentesco *Goffredo Enscenio*, redigendo la vita di un tal san Papirio, d'epoca deciana, pensò che costui fosse stato martirizzato insieme a *Policarpo di Smirne*, vissuto ben prima; ma l'errore era dovuto a un copista precedente, che tradusse in latino l'originale greco di Eusebio trasmessosi inalterato nei secoli, talché altri epigoni inquadrarono questo oscuro martire via via al tempo di questo o quell'imperatore!

Indipendentemente dal fatto che lo scettico possa ritenere assurda qualsiasi pretesa attinente a miracoli e santi, il realismo dovrebbe imporci comunque a considerare che non sempre la menzione a un dato santo implichi la buonafede o la precisione del suo biografo, soprattutto qualora quest'ultimo fosse stato a sua volta ricco di doti da favoliere anziché di storico. Ad esempio, *Sulpicio Severo* (363-425) scrisse la mirabolante biografia dell'amico san Martino da Tours infarcendola di miracoli mirati a rivalutarne la figura [1], mentre il contemporaneo *Gregorio da Nissa* (335-395) tessé le lodi di un tal Teodoro d'Amasia, noto a lui soltanto, e parimenti attribuì inedite gesta a *Gregorio il Taumaturgo*, suo maestro! Alla luce della ragione, i loro racconti potranno convalidare non già le assurde imprese dei soggetti illustrati in essi, ma tutt'al più che questi ultimi siano storicamente vissuti in un qualche modo: anzi, nei casi specifici, dubitare è più che legittimo,

---

[1] Il Wace la ritiene "il peggiore dei suoi scritti".

dato che il primo autore potrebbe aver avuto a che vedere con la redazione di taluni notori passi tacitiani [1], mentre il secondo scrisse assai sicuramente delle lettere false (ma "a fin di bene", naturalmente) [2].

*

Tutto questo affannarsi a elaborare leggende agiografiche indica che i santi, i martiri e i loro miracoli fossero – soprattutto nei primi tempi – *indispensabili* alla causa cristiana. Se il sangue dei martiri era "seme di cristiani", come diceva Tertulliano, i miracoli servivano "ad hoc, ut crederet mundus", aggiungeva Agostino. Le storie semi-mitiche iniziarono dunque a miscelarsi a questa o quella vicenda di questo o quel santo, morto in circostanze quantomeno dubbie o ben difficilmente martiriche: e dal momento che le sole storie non convaliderebbero comunque granché agli occhi del volgo, ecco che possedere una "testimonianza tangibile" del "santo" costituiva una prova per avallarne

---

[1] Quelli che parlano della persecuzione neroniana dopo l'incendio di Roma, senza alcun riferimento a un "cristo" e di cui si ha menzione soltanto a partire da lui.

[2] Nel tentativo di riconciliare il fratello con lo zio, Gregorio scrisse delle lettere a suo nome, finendo soltanto per complicare ulteriormente le cose.

la realtà storica e mantenerlo fisicamente presente tra i fedeli, al punto che un luogo sacro che fosse stato privo di reliquie era ritenuto scadente.

Non di rado si poteva assistere a moltiplicazioni di salme di questo o quel presunto santo, detenute da parte questa o quella chiesa, abbazia, cattedrale o corte dopo esser state acquistate a prezzi proibitivi dal potente beota di turno, senza farsi scrupolo della misera condizione in cui versava il popolo (che anzi accettava la cosa, confidando nella benevolenza divina catalizzata dal feticcio!). Nella frenetica corsa all'adorazione del morto, talora si raggiungevano livelli d'abiezione non indegni di rivaleggiare col caso di cretineria politico-religiosa più eclatante d'ogni tempo, quale fu il cosiddetto *Sinodo Cadaverico* [1]. Ad esempio, alla morte del vescovo efesino Procopio (VI sec.) i seguaci imposero le mani del suo cadavere sulla fronte del monaco Eutropio, credendo che in tal modo la "santità" del defunto (in Oceania l'avrebbero chiamata "ma-

---

[1] Nell'897, per soddisfare la sete di vendetta di Ageltrude, madre di Lamberto di Spoleto, papa Stefano VI riesumò il cadavere del predecessore Formoso, sottoponendolo a un teatrale processo fittizio nel quale lo condannava reiterando le accuse mossegli a suo tempo dal tristo Giovanni VII.

na"...) si sarebbe trasferita in lui, cosicché potesse ordinare vescovi al posto suo: lo spunto da cui traeva mosse questo lugubre atto proveniva dai princìpi del cosiddetto *incorruttibilismo*, eresia deutero-eutichiana propagata dal vescovo *Giuliano d'Alicarnasso*, che aveva subìto il medesimo trattamento dai suoi seguaci. Questa dottrina fu imposta per tempo al resto dell'impero da Giustiniano in poi: il modo in cui si giunse alla sua formulazione è un sintomo del percorso ragionativo obbligato cui potrebbe costringere l'intrinseca assurdità di una beffa storico-mitologica quale fu la vicenda di Gesù. Difatti, l'incorruttibilismo postulava che, essendo infuso di "spirito divino", persino il corpo di Gesù fosse appunto incorruttibile, talché non soffriva fame, dolore o altre passioni umane, fuorché "di sua volontà" e "allo scopo di salvarci"! È naturale dedurre che ci troviamo di fronte all'ennesimo caso di "logica periferica teologica" che traeva spunto dalla forzosità dei caratteri attribuiti a Gesù: già Clemente Alessandrino, due secoli prima di questi buontemponi, credeva addirittura che, trattandosi di un essere sovrannaturale, Gesù non defecasse il cibo ingerito, pur non spiegandoci per quale motivo un essere capace di sedare tempeste e resuscitare morti avrebbe mai dovuto sentire il bisogno di mangiare! Fatto sta che nessuno lo redarguì mai per aver osato ipotizzare cose del genere: la divinità del personaggio sul cui conto s'era permesso d'effettuare simili ipotesi nobilitava automaticamente una pratica altrimenti avvilente persino per l'uomo.

Sospinti da dotti di tal fatta, per almeno quattro basilari ordini di motivi i fedeli non potevano certo rendersi conto di quanto grottesca dovesse risultare la "*venerazione*" di resti umani e oggetti a essi legati:

- il carattere narcisistico della concezione della resurrezione favoriva l'inumazione rispetto alla cremazione, prevalentemente praticata tra i pagani;
- il culto delle reliquie era un'usanza che riprendeva prassi già attestate in ogni dove nel politeismo precristiano;
- la credenza nei miracoli e nella resurrezione, accentuata dal clima di miseria, distruzione e pestilenze, ordinava il ricorso alla mistica della preghie-

ra di salvezza: nella cui prospettiva i martiri costi-
tuivano un coesionante sul quale giurare fedeltà [1];
- infine, i primi *sponsor* delle reliquie furono delle
teste coronate.

Capostipite degli "augusti collezionisti d'ossa" fu
addirittura la "santa" madre di Costantino [2], che a seguito dei suoi viaggi in Terrasanta riempì di sacre ca-
rabattole l'intero impero; in questo compito fu coadiu-
vata da santi affabulatori come *Ambrogio*, che pubbli-
cizzarono ampiamente quelle sue gloriose imprese di
archeologa biblica *ante litteram*. La seguirono a stretto giro altre imperiali credulone come Pulcheria e soprattutto sua cognata Licinia Eudossia, capace di spe-
dire a destra e a manca una marea di purissimo ciarpame: a titolo emblematico, si racconta che, dopo un
viaggio a Gerusalemme (atavica fucina di "reliquie"
dell'antichità e non...), ella avesse ritrovato addiritu-

---

[1] Vedasi a es. il caso dei seguaci di Flaviano d'Antiochia, maestro di Crisostomo, al tempo di Leonzio d'Antiochia.
[2] Ex ostessa balcanica e concubina di Costanzo Cloro, Elena è più nota
per aver scoperto i resti della "vera croce", il flagello, i chiodi, la lancia, la
corona di spine e persino il pilastro della flagellazione di Gesù.

ra la "vera catena" di Pietro, la quale, accostata a un'altra già custodita a Roma, le si fuse magicamente in un tutt'uno sotto gli occhi esterrefatti di Leone Magno!

Solitamente il comportamento del clero verso gli atteggiamenti del popolo era permissivo: anzi, tendeva ad approfittare della superstizione per dare – come si suol dire – un colpo al cerchio e uno alla botte. Si iniziò col vincolo a credere veri i resti dei "santi", sancito dal sinodo di Gangra (350), che aveva stabilito la scomunica per chiunque avesse dubitato della genuinità delle reliquie; suggellata da una simile "liberalità", la già endemica creduloneria del volgo iniziò a giustificare persino il commercio indiscriminato di resti incerti.

Ometterò di riferire liste di doppioni e ciarpame vario, dacché la letteratura scettica risulta già assai esaustiva su questa tematica; dirò soltanto che l'evidenza di tutto ciò fosse chiara già ab origine. Alla metà del IV secolo, un estasiato *Evagrio Pontico* raccontava che i solerti gestori del santuario della martire Eufemia a Calcedonia avessero ideato un congegno che consentiva di bagnare delle spugne nel sacello, traendolo intriso di sangue fresco; il funereo trofeo veniva poi offerto ai gioiosi astanti o inviato "ovunque sorga il Sole" (2.2.3)! Un secolo dopo, Eunapio, nella sua *Vita dei Sofisti* (ampiamente censurata al tempo di *Fozio*), nel capitolo dedicato al collega Eustazio aveva sottolineato che certi monaci usassero spacciare per resti di santi la carcassa del primo lestofante che trovavano. Qualora la sua testimonianza dovesse apparirci afflitta da una qualche remota pregiudiziale, ecco in che modo il cronista benedettino medievale *Guiberto di Nogent* ci riferiva, nel *Sulle reliquie*, un famoso episodio che anticipava per tempo anche molte tematiche boccaccesche similari:

> Il vescovo Oddone di Bayeux [1] desiderava ardentemente entrare in possesso del corpo del suo predecessore sant'Esuperio [2], molto onorato a Corbeil; pagò quindi la somma di cento pezzi al sagrestano della chiesa che possedeva tale reliquia, ma egli gli portò le ossa di un villico di nome Esuperio anch'egli. Il vescovo gl'impose allora di giurare che fossero quelle del santo: "Giuro" replicò il furbo villano "che queste sono le ossa di Esuperio: quanto alla sua santità, non posso giurare, dacché molti si fan-

---

[1] Parente del più famoso Guglielmo il Conquistatore.
[2] Leggendario primo vescovo di Bayeux, omonimo di (e forse coincidente con) un amico di Geronimo, che peraltro è l'unico a citarlo.

no chiamare santi pur essendo ben lontani dalla Grazia!"".

La volontà della gente faceva il resto, rendendo santo quel che essa stessa desiderava credere tale: essendo un esempio di riferimento da difendere e imitare *idealmente* (come confesseranno gli atti del Concilio Vaticano II [1]), il martire si collocava ben stabilmente nella nicchia iconica dell'immaginario popolare, "che è sempre avido di novità", continuava sconsolato Guiberto. Ma già molto tempo prima di lui e persino secoli dopo le prime denunce di Tertulliano e Clemente Alessandrino, "padri" come Crisostomo, Ambrogio e Agostino avevano fatto ben capire che il bisogno di questi esempi fosse ben pressante, considerato il modo in cui essi si sbracciarono febbrilmente per indicare ai fedeli un comportamento più consono alle indicazioni dei teologi, che segnalavano l'ordinaria crapula cui erano avvezzi laici e chierici persino in chiesa, dove i ragazzini passavano tutto il tempo a

---

[1] "I santi sono stati onorati tradizionalmente dalla Chiesa e le loro reliquie e immagini sono state ritenute in venerazione: le feste dei santi proclamano le meravigliose opere di Gesù nei suoi servitori e mostrano al fedele *esempi acconci da imitare*".

vociare e giocare mentre gli uomini pensavano soltanto a sbadigliare o ammiccare alle donne, tese a civettare imbellettate e ingioiellate. Insomma, si tributava a Dio "rispetto non maggiore di quanto non si faccia con una prostituta", come lamentava il povero Crisostomo riguardo a quegli stessi fedeli che non poche volte lo salveranno dai nemici.

Talora la venerazione feticistica giungeva a eccessi paradossali, talché la gente comune (né più né meno dei moderni *fan*) desiderava emulare pragmaticamente l'esempio del loro idolo, per fittizio o storico che fosse: ci tenevano così tanto a farsi martirizzare a tutti i costi, che, quando Giuliano proclamò la tolleranza per il cristianesimo, *Gregorio Nazianzeno* non vide di meglio che infangare vieppiù la memoria dell'"Apostata", dicendo che li avesse privati della "gioia del martirio"! Secoli prima, Tertulliano, nell'*Ad Scapulam*, ci poneva dinnanzi una torma di scalmanati rei confessi, che erano stato rimproverati da Arrio Antonino [1] per il fatto di provocarlo allo scopo di farsi martirizzare a tutti i costi: "O disgraziati, se davvero

---

[1] Proconsole d'Asia, forse nonno materno di Antonino Pio.

desiderate così tanto morire, avete burroni da cui precipitarvi e corde a cui impiccarvi!", fu la secca risposta del magistrato. Quasi cento anni dopo, intorno al tempo delle famigerate persecuzioni dioclezianee, il suo compatriota *Ceciliano* – aspro fustigatore di questo tipo di martirio provocatorio – subirà addirittura un processo dal partito dei rigoristi cristiani capeggiati dalla ricca vedova Lucilla, alla quale aveva rimproverato proprio d'essere un'idolatra di reliquie: ne nacque un contrasto così aspro che defluì nella protesta rigoristica anti-secolare dei donatisti e nell'estasi masochistica dei circoncellioni, divenendo così la base del sensazionismo martirico che, a partire dai successivi due secoli, avvolgerà l'Africa maghrebina in una torbida spirale di disordini.

Guiberto ci raccontava in che modo, molto tempo dopo, un giovane britanno fu santificato dal popolo per il semplice fatto d'esser morto un venerdì santo: la gente innalzò addirittura un monumento sul suo sepolcro e prese a portarvi doni da ogni dove, spingendo così l'abate (zio del defunto) a giustificare persino il fatto che iniziarono ad attribuire miracoli al nipote! La cosa peggiore – aggiungeva Guiberto – è che certe favole fiorissero negli ambienti meno acculturati: specialmente tra le casalinghe salmodianti, pronte a rispondere coi fatti persino al confessore di buonsenso che le avesse richiamate alla ragione!

*

Poiché il fanatismo non conosce ragioni, c'è da giurare che queste scalmanate non si sarebbero arrese nemmeno all'evidenza del fatto che non di rado i contrasti intestini tra fazioni o "fuoriclasse della fede" avessero a contraltare un atteggiamento di viltà radicato nel tempo e ben comune a tutti gli strati socioculturali e gerarchici della Cristianità, come vediamo ad esempio nel caso dei "pentiti" (cd. *lapsi*). A dispetto del *pattern* del martire "stoico" che si fa uccidere pur di non cedere, già *Plinio il Giovane* informava l'amico Traiano che i cristiani abiurassero facilmente il loro idolo e sacrificassero all'imperatore, qualora invitati a farlo; e tutto ciò ben due secoli prima che Eusebio confessasse la codardia di chi "cedette al primo schianto" ai persecutori, evitando di ricordare al lettore d'aver fatto la stessa cosa proprio lui stesso!

Contro queste attitudini fioccavano colorite leggende didascaliche su questo o quel *lapso* che era stato punito dalla Provvidenza Divina per la sua viltà. Per darvene un'idea, uno di questi pentiti letterari, tal Nicomaco, viene fatto morire da Dio tra atroci convulsioni per aver abiurato Cristo ed esser tornato al paganesimo allo scopo di scampare alle torture dei pagani: come se non fosse bastato, per giunta dovette subire anche i rimproveri della pia Dionisia di Lampsaco, "casualmente" presente all'atroce scena. "O miserabile! Per quale motivo hai attirato su di te una punizione così indescrivibile e incessante, in cambio d'una misera ora di sollievo (dalle torture [NdA])?", gridò la folle; udendola dire ciò, il magistrato le chiese se per caso fosse cristiana anche lei, alché spavalda ella rispose "si! Per tale motivo compiango questo poveraccio che, non riuscendo a sopportare un po' di dolore (!), ha perso l'occasione di vivere una vita eterna!". Per tutta risposta, il proconsole la aggrega ad altri due scalmanati e la decapita, per somma beatitudine dell'estatica delirante!

Altrettanto frequenti furono le reazioni contro i pastori vigliacchi da parte del popolo, che desiderava ricavare un modello di vita dalle guide spirituali, le quali dovevano dunque prendere esempio dal campione d'altruismo (*letterario...*) per eccellenza, incarnato in Gesù. Non di rado il popolo stesso forzava questo o quel candidato a diventare suo vescovo, scegliendo quei personaggi che apparivano particolarmente casti di vita e risoluti nella difesa della fede, rigettando quelli imposti dall'alto qualora fossero risultati sgraditi [1]. Quei candidati che risultavano sprovvisti di una forte personalità tentavano di svicolare dall'investitura richiesta a furor di popolo, dato che la responsabilità del ruolo – e soprattutto i *rischi* in esso impliciti, in quei tempi di lotte sanguinose – solitamente non era accettata di buon grado e raramente controbilanciava i vantaggi offerti. "Esser vescovi" ruggiva il monaco *Isidoro di Pelusio* (360-450) "è un *lavoro*, non un passatempo; una sollecitudine, non un lusso; un'amministrazione responsabile, non un dominio irresponsabile; una supervisione paterna, non un'autocrazia tirannica"; non per nulla, Isidoro fu inviso alla maggioranza dei prelati del suo tempo, incluso quello stesso corrottissimo Cirillo che era suo parente!

---

[1] Vedasi casi come quello di Proclo di Costantinopoli.

*

Chiusa questa preliminare cavalcata, il lettore potrebbe ora chiedersi in che modo sia stato possibile manipolare la storia e buggerare il prossimo impunemente, pur a dispetto di quanto sappiamo. A soddisfazione di questo interrogativo potrà sicuramente soccorrerci il sapere che le accuse di persecuzione e le agiografie – solitamente prive di alcun riscontro nella documentazione pagana – siano state approntate prevalentemente a partire dall'auge di religiosi vissuti alla corte di Costantino: primo tra i quali troviamo il già citato *Eusebio "Panfilo" di Cesarea* (263-339), "il padre della storiografia cristiana", che insieme al vescovo dalmata *Geronimo* [1] (347-420) è colui il quale ci riferisce la maggioranza dei dati biografici sui primi Padri, sovente commettendo errori e perpetrazioni di datazione, eventi, identità e dottrina[2].

---

[1] Utilizzo questa lezione perché, pur non essendo erroneo, il comune italianizzato *Gerolamo / Girolamo* deriva da una distorsione medievale poco fedele all'originale, dal greco Ἱερώνυμος e in latino *Hieronymus*.

[2] Il cronista cristiano Socrate Scolastico (V sec.) e il collega Giorgio Sincello (VIII sec.) erano a conoscenza del fatto che Eusebio avesse falsificato delle cronologie per compiacere Costantino. Il Wace elencò tantissimi svarioni di Eusebio, aggiungendo per giunta che avrebbe potuto apportare molti altri esempi "che ostentano la medesima leggerezza".

Le difficoltà di credibilità di Eusebio derivano dal fatto che non di rado egli raccolse dati da fonti *note a lui soltanto*: cosa ben più grave, sulle spalle dei dati della sua enorme produzione letteraria poggia *tutta* la storiografia post-nicena, inclusa quella di Geronimo stesso, che pur lo stigmatizzò come "il più palese campione dell'empietà ariana"!

Soltanto a partire dal periodo atanasiano iniziano a vedersi degli storiografi meno frivoli, attingenti a sorgenti diversificate e valutate più attentamente. A tal proposito è necessario rimarcare anche che parecchi di costoro fossero per massima razione in contatto reciproco (anzi, *di solito condividevano le medesime fonti*), per cui, data la condizione di monopolismo dei documenti successivi all'epoca nicena, non dovremmo meravigliarci se lo scrittore cristiano potesse trovare plausibile arricchire delle vicende *eventualmente* storiche. Dall'altro lato, stranamente, non possediamo un'idea completa di cosa pensassero veramente gli autori citati né che stile di vita conducessero fuori dall'impegno promotivo in cui furono coinvolti, dacché le loro opere e le notizie biografiche esterne in merito risultano assai scarne – qualora non pressoché inesistenti – pur per quanto riguarda gli epigoni che ce le riferirono. Ad ogni modo, queste stranezze dovrebbero stupire ben meno del fatto che il silenzio del mondo letterario extra-cristiano risulti *pressoché assoluto*; si obietterà che tanto sia dovuto al fatto che le fonti siano andate perdute a cagione di una generica "incuria", ma la cosa non sarebbe tanto plausibile, considerato che i documenti fossero appunto *monopolizzati e nascosti* proprio in luoghi religiosi, come conventi e altri edifici analoghi. Da un lato i religiosi si occupavano della ricopiatura delle fonti, dall'altro eliminavano, nascondevano o riciclavano come palinsesti o santini quelle opere ritenute trascurabili non solo nell'ambito della letteratura pagana, ma anche di loro colleghi e predecessori famosi o meno. Qualora a tutto ciò aggiungessimo che la pubblicistica pre-gütemberghiana non brillasse certo per capillarità, risulterà chiaro che le opere ritenute "meno necessarie" potessero andare sacrificate tranquillamente alla vendetta di Crono: così, ove non calava la bipenne della censura diretta, si provvedeva con facilità a far sì che quelle opere macerassero nell'atroce mortaio della *damnatio memoriae*.

Molti apologisti moderni tentano di svincolare il

Soglio Petrino da responsabilità dirette affermando che, nella maggioranza dei casi, il problema della sparizione di fonti fosse dovuto a "fattori naturali": dall'altro canto, però, è pur vero che avremmo dovuto pretendere dalla civiltà cristiana più rispetto e più cura per il passato. D'altronde, costruire una chiesa sopra le rovine di un tempio, utilizzare la cartapecora di un autore pagàno per degli incunaboli, riciclare gli arredi e gli scritti dei Gentili, non cancella il passato: lo rende solamente più bramoso di *riemergere*.

Purtroppo, il problema in cui si incorre quando si tratta di vidimare fonti che parlano di religione, è ben grande per il laico: che lo faccia per "professione" o perché convinto d'essere nel vero, difficilmente riuscirà a separare dai dati nudi e crudi il pregiudizio dell'esistenza di divinità e simili. Parimenti, non potrà sospettare che, essendo parte di "contesti tabù", uno scrittore credente potrebbe risultare in malafede o indulgere in umane debolezze, ma penserà piuttosto che a errare siano stati sicuramente gli storici "laici", motivati da pulsioni "terrene" e da "invidia contro la Santa Chiesa", come mi disse tempo fa uno di loro.

Un altro grosso inconveniente analitico è costituito

dal fatto che il tipo di letteratura in questione risulta pregno di toni, vocaboli e argomenti difficilmente digeribili dal "laico comune", assorbito com'è dal lavoro, dai ritmi sociali, dagli obblighi familiari e dal conseguimento dei piaceri della vita; egli conosce a stento i "testi sacri" di base, figurarsi i noiosi, stucchevoli, esaltati scritti di questo o quell'estatico scrittore, che mandano in vibrante sollucchero il religioso e il "laico praticante"! Il "laico comune" non li legge (anzi, di norma non vorrebbe nemmeno sapere che esistono!), ma da' comunque per scontato che siano stati composti da persone degne di fede già in quanto avulse dalle "bassezze" della "vita comune".

III.   Alle origini

Essendo furbo, avrei potuto trarvi in inganno.

Paolo di Tarso

Il cristianesimo cattolico inizia con Paolo di Tarso: per meglio dire, i primi propugnatori *storici* di questa "religione recente" – come egli la definiva – traggono spunto promotivo e dottrinario da lui, sebbene esistano tradizioni secondo le quali egli sarebbe stato preceduto da agenti ordinati direttamente dagli apostoli in tutta Europa addirittura già tra il 35 e il 60 d. C. [1]. Mi riferisco ad esempio a Flegonte di Maratona, Staci di Bisanzio, Apelle d'Eraclea, Urbano di Macedonia, Amplia di Lidda, Narcisso d'Atene, Aristobulo di Bretagna e persino ad alcuni parenti di Paolo stesso, come Andronico di Pannonia, Erodione di Patra e Sosipatro di Iconio. Sappiamo pochissimo di costoro, ma sicuramente potrebbero essere considerati cristiani

---

[1] I cosiddetti *Settanta*, inviati da Gesù alle Nazioni.

soltanto a motivo di una comoda definizione onoraria; ma soprattutto, possiamo dubitare della loro esistenza perché proprio da Paolo sappiamo che il cristianesimo con tale nome si sarebbe formato *ad Antiochia* appunto intorno al tempo in cui egli stesso agì!

Mi parrebbe alquanto difficoltoso che tutto quanto narrato da Paolo in merito a Gesù e agli epigoni di cui sopra possa essere veritiero, considerato che, per oltre cento anni dopo di lui, in tutto l'impero nessuno saprà alcunché della vicenda evangelica e degli scritti che la contengono: esclusi l'*entourage* di "Gesù" e dei suoi promotori deutero-paolini, beninteso. Morti viventi, terremoti apocalittici, oscurità "universali", ciechi che vedono, storpi che camminano, vivande moltiplicate, passeggiate sull'acqua e tempeste sedate avrebbero dovuto per forza di cose aver goduto d'una eco ben più vasta dei confini della Palestina tiberiana: eppure, *nessun altro ne parla*. Il silenzio è talmente assordante, che da secoli gli apologisti si sono ridotti ad ammannirci una scarsa decina di "testimoni esterni", le cui testimonianze risultano irrilevanti o approntate alla bisogna da qualche ingenuo – ma preoccupato – copista cristiano.

Storici d'ogni livello e fede credono di poter convalidare comunque la vicenda di "Gesù di Nazareth" dicendo che fu scritta "senz'altro" a meno di un trentennio dopo i fatti dei vangeli, semplicemente perché – secondo loro – "nessuna leggenda" potrebbe mai essere elaborata in meno di trent'anni: un'affermazione del genere risulta però aleatoria, in primo luogo perché non ci permane alcuna fonte originale di quell'epoca e in secondo luogo perché è possibile apportare casi di mitizzazione di fatti e personaggi storici accorsi in meno del lasso di tempo imposto, come ho elucidato in altra sede [1].

Vero è che gli gnostici e altre sètte eretiche come gli ebioniti parlarono di Gesù, ma a tal proposito si dovrebbe ricordare anche che lo gnosticismo sia generalmente un fenomeno *più tardo del cristianesimo primitivo* e che si ricollegasse a nozioni misteriche pagane commiste a tradizioni non certo cristiane, al pari del sistema degli ebioniti (setta che anzi *negava* la divinità di Gesù!). Questi ultimi erano già abbastanza oscuri persino per i primi cacciatori d'eresie del loro

---

[1] Vedasi *Dietro le quinte del Cristianesimo* IX.112.n2.

tempo, che furono costretti addirittura a inventarsene un capostipite eponimo: ragion per cui, è più certo che anche loro si fossero costruiti una nuova mitologia nella quale il biblico salvatore messianico diventava una sorta di re-divino, sicuramente sgradito ai cattolici che ricavavano il loro Cristo proprio dalle farneticazioni di Paolo.

Altrettanto ingenuo è credere che il cristianesimo non si sarebbe diffuso così tanto e non avrebbe raccolto tante persone pronte a morire per il suo "ideale", qualora la storia evangelica non fosse stata vera e Gesù non fosse stato veramente "Dio incarnato" e facitore di miracoli. In verità, le religioni hanno la caratteristica precipua di spingere la gente a credere tantopiù in una data nozione *quantopiù essa è incredibile*, facendo compiere in suo nome le azioni più assurde; quanto al secondo punto, possiamo affermare che, sebbene nessuna leggenda potrebbe essere ritenuta del tutto frutto di fantasia, si renderebbe comunque necessario distinguere cose realistiche da elaborazioni immuni dal raziocinio. D'altronde, storie come quella di Gesù non sono uniche, dal momento che il tema universale dell'eroe divino nato da una vergine, perseguitato ingiustamente, morto su un patibolo e risorto dalla morte era ben noto in seno alla polietnica mitologia imperiale, talché molti apologisti spesero parecchio inchiostro per tentare d'annullare le analogie tra il loro Cristo e i suoi antesignani. Quelli, però, erano dei *miti conclamati*, mentre quella di Gesù è una vicenda che, per poter essere accettata al posto loro, doveva *giocoforza* premettere che il suo protagonista fosse stato *veramente* un dio *storicamente* vissuto tra noi. Data anche la preesistenza del substrato mitologico che funse da "ammortizzatore" psicologico verso i convertendi, non sarebbe stato necessario nemmeno che una vicenda fosse veramente accaduta nella storia, per trovare gente disposta a crederla vera nel modo in cui l'aveva ascoltata o letta (per quei pochi che sapevano leggere, ovviamente).

Il meccanismo di autoconvincimento che corre sulla base di una vicenda – vera o meno che sia – attuato tramite voce di popolo o documenti scritti, non è affatto dissimile dal *feedback* riscosso dai media moderni sulle masse: qualora rapportato al modo in cui l'informazione veniva veicolata in quei periodi, se oggi bastano quindici minuti di TV per creare un personaggio globale, nel mondo civilizzato di due millenni fa sarebbero occorsi al massimo non trenta, ma bensì una decina d'anni e il risultato sarebbe stato comunque *identico*.

Dall'altro lato, non è possibile dire nemmeno che la vicenda di "Gesù di Nazareth" fosse ignota al pubblico in quanto "preventivamente censurata" dai romani per via di *presunti* contenuti libertari, dato che nei vangeli *non leggiamo nessuna aperta critica contro gli invasori*, laddove si notano piuttosto dei ben chiari appelli a *sottomettersi a loro* (reiterati anche nella letteratura paolina). Né possiamo dire che la società romana fosse basata sul sopruso e sul sangue, così come vorrebbe certa letteratura e filmografia d'antàn. Quanto al "pacifismo cristiano" (qualora ci fosse stato davvero), esso non poteva costituire *ipso facto* qualcosa di odioso: per i romani qualsiasi religione era ritenuta valida finché fosse risultata utile *per tenere buone le masse* e non mostrava sintomi *sovversivi*. Essi agivano contro una religione *solo in caso di turbamento della quiete pubblica*, minaccia per il *welfare* e rifiuto di rendere onore agli dèi nazionali (imperatore *in primis*) quali garanti emblematici del Sistema: *questi* erano gli *unici* motivi *legali* per cui avrebbero potuto sentirsi autorizzati a perseguitare *qualunque* credenza religiosa. In fondo, proprio i cristiani faranno la medesima cosa, una volta boicottato l'impero in vari modi ed improntata a loro immagine la struttura socio-culturale, accentuandone il già incipiente declino dovuto a varie esternalità (inflazione, invasioni, gigantismo confinario etc. etc.).

*

Parrebbe dunque chiaro che tutte le spiegazioni addotte contro il dubbio nei confronti della genuinità evangelica siano piuttosto delle *giustificazioni*; ma se le cose stanno davvero così, in che modo potremmo mai giustificare l'insorgenza *storica* di questo movimento e *da chi* esso avrebbe preso spunto in realtà?

Lasciamo stare quei folli che poterono pur essere esistiti veramente nella storia e che, seguendo le toccanti storie di martirio scritte da questo o quell'altro propagandista, si faranno giustiziare più o meno spontaneamente a partire da due secoli *dopo* "l'epoca apostolica": parliamo invece della *reale* natura di coloro i quali vissero appunto *nei primi tempi del cristianesimo* a ridosso della presunta resurrezione e che ci vengono mostrati dagli agiografi come dei pii predicatori di pace. Mi riferisco agli apostoli maggiori (i cosiddetti *Dodici*), ai *Settanta*, a Paolo e ai "proto-martiri apostolici", la cui storicità rimane *tutta* negli indizi degli scritti evangelici e deutero-evangelici. L'agiografia clericale li dipinge come dei miti agnelli giustiziati "*semplicemente* (!) per essere cristiani", ma è placito è che un cronista partigiano – specie se *straniero* e detentore *monopolista* delle fonti *ufficiali* – non potesse far altro che omettere dettagli sconvenienti alla propria causa, come disse d'aver fatto Eusebio parlandoci appunto dei martiri.

Dal momento che i romani tendevano ad accogliere tutte le religioni finché le ritenevano utili come strumento di controllo, non avrebbe avuto senso creare del malcontento e perdere un appoggio perseguitando senza motivo gli aderenti di una di esse, soprattutto se costoro fossero stati veramente dei pacifisti che non macchinavano la distruzione del Sistema: ma la verità è che per gli ebrei politica e religione erano tutt'uno, sicché il loro messia non aveva nulla di "metafisico", bensì era uno *spietato condottiero militare* che avrebbe dovuto ergersi contro gli invasori per cacciarli *di fatto* dai confini della "terra promessa"! Ogni qual volta si ritrovavano in stato di prigionia, essi auspicavano la venuta di un "liberatore" che poteva provenire o dal loro interno o da regioni straniere [1]; fuori dalle righe bibliche, questo piano messianico fu adottato da fazioni politiche *ben delineate*, come gli *esseni* e gli *zeloti*, che erano sètte di *fanatici religiosi* della *Galilea* operanti in Palestina nell'arco dal 100 a. c. al 100 d. C. e poi diffusesi in Europa tramite il corridoio anatolico-levantino, cioè proprio nell'area in cui (guarda caso) ritroviamo sparse le prime "chiese". In entrambe le circostanze si trattava di fanatici, pacifici verso chi concordava con loro e violenti verso chiunque stava contro di loro, proprio come vediamo dire e fare a "Gesù di Nazareth" e soci: quanto ad altro, gli esseni avevano una liturgia di vino e pane spezzato, praticavano la comunità dei beni, contemplavano il battesimo e credevano nella resurrezione, unici tra tutti i gruppi religiosi locali unitamente ai farisei, che per tempo furono alleati di entrambi i movimenti.

---

[1] L'ultimo di questi messia stranieri fu il persiano *Ciro il Grande*, osannato nella Bibbia come "*Unto di Yahve*".

Essendo motivato da cause religiose con cui giustificare il proprio operato, per questi fanatici il ribelle politico diventava dunque un "santo", un'icona, un simbolo, il cui *sacrificio* muoveva da una concezione tipicissima delle popolazioni semitiche e mediorientali in genere, tramandatasi intatta nei secoli. Al pari dei successivi *hashishin* e *fedayn* (che guarda caso erano originari proprio di territori a ridosso della Galilea…), i combattenti di queste sètte effettuavano molto spesso delle azioni suicide ed erano intesi come "Figli di Dio" nel senso di "propugnatori del *giusto diritto* di ribellarsi all'invasore"; tali caratteri erano senz'altro *ben noti* ai romani già da *prima* della presunta persecuzione neroniana: difatti, sin dall'epoca maccabitica i greci si erano già trovati faccia a faccia col fanatismo nazionalista ebraico, ma è soltanto al tempo di Tiberio e Nerone che questi ribelli salgono alla ribalta, mostrando pienamente le loro caratteristiche. Questa azione si registra a partire da *Giuda il Galileo*, capostipite del rinnovato movimento zelota nonché acerrimo nemico di Roma e dei suoi complici; sintomaticamente, lo troviamo citato nella letteratura paolina, dove non avremmo mai dovuto ardire riscontrarlo.

L'azione di questi ribelli rischiava di compromettere seriamente la stabilità di tutto quel quadrante strategico, saracinesca fondamentale contro gli imperi orientali nemici di Roma; tale emergenza motivò quasi un secolo di guerre ininterrotte, iniziate proprio per volere di Nerone *appunto lo stesso anno della presunta esecuzione di Paolo*, allo scopo di porre fine alla pericolosa situazione venutasi a creare nel Levante proprio a causa delle continue sedizioni sobillate da questi ribelli. Sebbene la rivolta fu spietatamente repressa nel sangue dalla potente *Machtmaschine* imperiale, essa continuerà comunque a serpeggiare underground sostituendo il *martirio vittimistico* all'oramai inefficace azione violenta: il presunto rigoglio di martiri "cristiani" seriori, desiderosi di farsi giustiziare a tutti i costi in nome di un predicatore pacifista, si spiega alla luce dell'impotenza dei loro antenati zeloti nei confronti dello strapotere romano, nella misura in cui il doppiosenso politico e religioso del messianesimo costituiva una sorta di riscatto per le classi oppresse.

La richiesta di libertà, giustizia e parità degli antichi rivoltosi levantini sconfitti, si trasformò alfine da un carattere politico a uno pietistico-vittimistico, originando quindi il cristianesimo dei diseredati, privo di *palesi* componenti militarmente sovversive. *Questo* fu il cristianesimo prontamente "adottato" dall'impero *a proprio vantaggio*, per piegare il *perenne spirito contestatore* del proletariato con promesse di una vita migliore *nell'aldilà* a chiunque si fosse attenuto al principio di mansuetudine e *obbedienza allo schema sociale*. A tutti gli altri toccava la striglia, come scrive Paolo ai Romani:

> Che ogni individuo sia soggetto alle autorità, perché non c'è altra autorità eccetto Dio e quelle che esistono sono formate da Lui: perciò, chiunque resiste *alle autorità* resiste a ciò che Dio ha istituito *e deve essere punito*. (13.1-3)

Confidando nel supporto dei governanti, dopo il terzo conflitto giudaico gli "avvocati di Dio" hanno iniziato a spacciare incredibilmente il feroce liberatore messianico come un *altruista suicida*, permettendosi di stravolgere anche il pristino senso del messianesimo così com'era stato inteso dal popolo di cui era originario, avanzando a beffarda motivazione che la nozione ebraica fosse "superata": ora era tempo addirittura di *perdonare* l'offensore ed anzi offrirgli persino l'altra guancia! Tale nozione era già stata sussurrata nel vangelo matteano, che fa riscoprire al "dio incarnato" (a cui parere "solo il Padre è buono"!) la presunzione di autodefinirsi "mite e umile di cuore" e invitare beffardamente gli *oppressi* a *imparare da lui* e sofferire la croce, perché essa sarebbe un carico "dolce e leggero" (11.28)! Così, per via di un'immensa mistificazione, il supplizio tradizionalmente destinato dai romani a ladri, schiavi fuggiaschi e ribelli politici, ora diventava anche lo strumento "misterico" della "passione" degli "dèi incarnati": ma soprattutto, diventava lo spauracchio di qualsiasi potenziale sovversivo!

Il deridente principio sottomissivo sarà ripetuto fermamente nei secoli, a fondamento della società impostata sui "valori" imposti dalla Chiesa; secondo personaggi come Innocenzo III e il vescovo Adalberto da Laon, lo stesso "ordine universale" giustificava il fatto che esistessero delle classi sociali piramidali e che il potere secolare fosse subordinato a quello religioso, "tanto quanto la Luna riceve luce dal Sole"!

*

Già denunciato e inviso anche agli ebrei in madrepatria, lo zelotismo era quasi sicuramente presente sin da epoca remota anche nell'Urbe allo scopo di minare gli invasori dall'interno. Alle origini, non di rado i "galilei" venivano confusi con gli ebrei ortodossi e puniti al posto loro o viceversa, proprio perché la connotazione cristiana non era ancora ben definita; dunque non è improbabile che persino a Roma esistessero dei "cristiani" sin dal tempo di Nerone, ma sarebbe più realistico pensare che si trattasse di *ben altro* rispetto ai miti predicatori remissivi che i palafrenieri dell'azienda vaticana vogliono far credere da secoli. L'incendio di Roma può essere ascritto a Nerone non più sicuramente che a qualche minoranza di questo tipo: che per tutta risposta si ripeterà anche in altre circostanze (come nel caso di Nicomedia), sulla scia degli attentati piromani cui erano avvezzi gli zeloti.

Già intorno all'epoca tra Nerone e Domiziano abbiamo notizia di svariati personaggi oppostisi al potere centrale, annidatisi nelle sfere delle famiglie altolocate e persino in quelle imperiali: costoro vennero definiti a buon mercato "cristiani", ma ben difficilmente potrebbero esser stati tali, considerate le datazioni. Secondo Crisostomo, Atte era già stata una "cristiana", ma c'è da presumere che lo fosse alla stessa stregua di

93

quella pia Domitilla che, pochi anni dopo, sarà artefice della congiura contro il cugino Domiziano: in verità, essa sarà stata tutt'altro che pia e affatto cristiana, essendo piuttosto una seguace di *rabbi Akiba*, cioè di colui il quale, al tempo della Terza Guerra Giudaica, ungerà messia lo *zelota Simon bar Kochba*, ultimo discendente di *Giuda il Galileo*! Più notabilmente, Bar Kochba è ricordato da Geronimo per aver perseguitato in madrepatria i cosiddetti *nazareni*, che verranno poi chiamati "cristiani" in Occidente: ce lo dicono Eusebio ed *Epifanio di Salamina* (320-403), aggiungendo che fossero discendenti degli *esseni*, a loro volta facenti parte della stirpe dei *samaritani*, quindi *entrambi* nemici dei romani e degli ebrei *ortodossi*!

Sulle spalle di Domitilla gli instancabili favolieri cristiani inventeranno la patetica storia di Petronilla, spacciata addirittura per figlia di Pietro e sepolta nella tomba della prima; successivamente, Petronilla fu associata agli immaginari martiri Nereo e Achilleo di cui parla il cosiddetto *Martirologio Geronimiano*, zibaldone del V-VI secolo attribuito indegnamente al povero Geronimo, dove si raccoglieva gran parte delle sorgenti usate per le successive leggende agiografiche.

L'opposizione delle frange zelote nei confronti dei nazareni rientra perfettamente nella fase di distacco tra costoro, gli originari esseni dai quali defluirono, gli zeloti discendenti del Galileo e persino i farisei, che si aggiunsero a Bar Kochba nel condannarli come traditori *perché si erano rifiutati di combattere i romani*: ragion per cui, i "cristiani" furono eviscerati veramente dagli altri gruppi eversivi proprio come un "capro espiatorio" che sarà sintetizzato, alfine, nel protagonista evangelico e nei suoi "apostoli". Ecco quindi per quale motivo non abbiamo nessuna notizia esterna su "Gesù di Nazareth": perché *si tratta di un personaggio simbolico che riassume un movimento*, poi assorbito dai vincitori per ribaltare il senso del messianesimo e tentare così di rimuovere *definitivamente* eventuali ritorni di fiamma ribelli!

Impossibile? Non direi: i "miti e poveri discepoli" di questo Gesù giravano ben armati, erano avvezzi a bruciare le abitazioni e addirittura le città che non li ospitavano, portavano nomignoli ben chiari (ad es. Simone *Zelota*, Giuda *Iscariota*) e possedevano una cassa di danaro, di cui erano assai bramosi – si pensi ad Anania e Saffira – tanto quanto ci viene detto per gli zeloti storici. Come vediamo nelle *Guerre giudaiche* dello storico ebreo *Giuseppe Flavio* [1], l'identico spirito suicida così tanto sbandierato dai martiri cristiani e sprezzantemente rivolto a una vita migliore nell'aldilà era già stato ostentato proprio dai condannati zeloti: che egli definì "atei" nel senso di "irriguardosi verso l'imperatore", proprio come saranno intesi i *giudaizzanti* [2] prima e i *cristiani* poi. Non per nulla, fino ad epoca molto tarda questi ultimi saranno detti anche a Roma "galilei" appunto in ricordo dei loro predecessori palestinesi; così li chiamavano ad esempio Giuliano, che riteneva il cristianesimo un inganno, o Frontone, che li reputava dei pericolosi psicopatici.

Il sospetto dovette aver serpeggiato sin dalle origini anche tra le fila degli "avvocati di Dio": messo alle strette, nella *Demonstratio*, , quasi replicando le parole di Luciano di Samosata a proposito di Peregrino, Eusebio si produsse in una lunga prolusione *per ab-*

---

[1] "Sorridendo tra gli spasmi e trattando ironicamente chi li torturava, rendevano serenamente lo spirito, quasi stessero per riceverlo di nuovo: salda è tra loro l'opinione che i corpi siano corruttibili e instabile la loro materia, mentre le anime sopravvivono per sempre" (7.10).

[2] Domitilla, ad esempio, fu esiliata per "ateismo" e per aver praticato "i costumi dei *giudei*".

surdum ipotizzando che gli apostoli fossero *dei sovversivi che avevano avuto il fine di destabilizzare l'impero* raccontando *falsità* riguardo a un "sofista crocefisso". La preoccupazione del vescovo cesarita non era affatto infondata: tempo prima di lui, autori pagani come Celso e Ierocle avevano postulato che in realtà Gesù fosse per l'appunto un maneggione e un capo brigante. D'altronde, molti aderenti alla causa zelotica descritti da Giuseppe Flavio portavano appunto il nome "Gesù", quasi come una sorta di *nickname* di riconoscimento per indicare il liberatore messianico: che del resto aveva ben poco di unico, in quanto già di per sé prendeva mosse dal biblico Giosuè, come confessava ancora Eusebio.

Credo proprio che il cerchio si chiuda, a quanto pare. Se però preferite pensare comunque alla terrena incarnazione virginale di un essere onnipotente, invisibile e suicida, padronissimi di farlo: l'avete creduto per due millenni e potete continuare a farlo finché il "mite agnello" onnipotente non sarà tornato "come leone" per punirvi di non aver prestato fiducia alle sue minacce e alle sue promesse.

*

Qualora i presunti predecessori di Paolo fossero veramente esistiti, sarebbe dunque più facile reputarli
non già degli umili predicatori di pace itineranti, ma
piuttosto dei *giudaizzanti eretici* e *facinorosi*, defluen-
ti dalle correnti *esseno-zelote*. Tutt'al più potrebbe essersi trattato di *placeholders* sotto mentite spoglie, le
cui figure furono attribuite dai propagandisti a ciascuna delle maggiori città dell'impero, così da far capire
che già sin dal periodo della "resurrezione" esistevano
delle affollatissime "chiese" con dei "vescovi" *clande-
stini*, cioè operanti *di nascosto* appunto come dei *con-
giurati*. Utilizzando questo espediente sarebbe stato
possibile avallare che il messia evangelico fosse veramente vissuto nella figura di un mite predicatore di
pace (preoccupazione che lo stesso Paolo sentirà assai
pressantemente), anziché dell'epitome di un nemico
politico di Roma; d'altronde, il fatto stesso che per parecchi dei Dodici che ordinarono ciascuno di loro a
capo di questa o quella comunità si attestino due o tre
luoghi di martirio, dovrebbe portarci a considerarli
tutti in blocco quantomeno come delle icone *favolisti-
che*, elaborate facilmente grazie a posizioni editoriali

monopolistiche: difatti, le scarne note biografiche sui Settanta ci sono state tramandate *soltanto* dai soliti Eusebio e Geronimo, *senza alcun riscontro esterno*.

Nell'economia di questo complesso intreccio, Paolo, con la sua doppia cittadinanza, potrebbe rientrare benissimo come "setaccio" atto a cernere le componenti anti-romane da quelle pacifistiche originariamente dirette verso chiunque avesse combattuto gli invasori in nome di Yahve, dirigendole così a vantaggio dei dominatori. Inoltre, c'è da sottolineare che, nonostante ci permangano estesi documenti a lui attribuiti (tolti quelli accertatamente falsi, ovviamente), ignoriamo pressoché tutto anche per quanto riguarda Paolo stesso: a cominciare da quei dettagli che sarebbero stati più ovvi a trovarsi, ad esempio, sul suo aspetto fisico. Gli *Atti di Santa Tecla* ci dicono che egli fosse ben misero in tal senso: ma dobbiamo anche considerare che essi siano falsi, essendo stati scritti "per amore di Paolo" da un presbitero orientale intorno al 160, come confessava un imbarazzato Tertulliano.

Possiamo comunque dire con sicurezza che il Tarsiota (o chiunque egli rappresenti) si sia preoccupato di diffondere *per primo* una vicenda che, nonostante la sua straordinarietà, ancora al suo tempo *risultava ignota a pressoché tutto il mondo*: solo dopo di lui si avvia una reazione a catena tale che la "religione nuova" si espanderà pressoché ovunque nell'impero. Quel che è peggio, la propaganda di "Paolo" era mirata (come egli stesso afferma) a portare sempre più proseliti a Gesù: di *quale* "Gesù" si tratti, però, rimane comunque un mistero o magari semplicemente un enigma parecchio ingarbugliato, qualora prendessimo in esame la possibilità delle derivazioni esseno-zelotiche.

Consideriamo che, prima della "conversione sulla via di Damasco", Paolo fosse stato un persecutore di cristiani per conto del Sinedrio, cioè di un'istituzione storicamente in mano agli *avversari* del partito politico-religioso cui egli diceva d'appartenere e che, per giunta, non aveva alcuna giurisdizione in molte delle aree in cui egli si recherà a "predicare" sia prima che dopo la "conversione". Altri dettagli dissonanti ci farebbero capire che sarebbe stato quantomeno impossibile per Paolo perseguitare dei "pacifisti": egli stesso era scampato varie volte a condanne definitive grazie al supporto di gente molto in vista, rimanendo comunque ben libero di girare in lungo e in largo per l'impero a predicare senza timore proprio un messia *pacifista*, mentre successivamente lo troviamo in catene a Roma senza un'accusa plausibile, fuorché – probabilmente – quella d'esser stato un "agitatore nazareno": vale a dire, un *membro della stessa setta che egli medesimo avrebbe perseguitato!* In che modo avrebbe mai potuto risultare possibile subire una condanna del genere, se davvero i nazareni sarebbero stati dei "pacifisti"? E alfine, potremmo veramente considerare Paolo un vero converso o piuttosto un *agent provocateur* al servizio dei poteri forti? Non vedrei perché no: con quel suo strano *status* di cittadino ebreo e romano, egli si prestava benissimo a rappresentare una sintesi di "rinnovamento" atta a *marginalizzare la componente ebraica dello zelotismo* ed esaltare quella destinata alla "conversione" dei Gentili per conto di poteri forti. Ad esempio, è curioso che, nella lettera indirizzata ai fedeli di Filippi [1], egli saluti i membri della corte imperiale definendoli "santi", probabilmente intendendo il termine nel senso di persone-tabù e intoccabili in

---

[1] Ritenuta comunque autentica, malgrado tuttora gli studiosi non sappiano dirci se sia stata scritta a Roma o ad Efeso.

quanto altolocate [1], perché personaggi come Messalina, Poppea, Tigellino, Sporo o Seneca [2] non potrebbero mai essere reputati santi nel senso tipico del termine; in caso contrario, non mi stupirei se il "messia incompreso" di cui parlavano nelle regioni greche potrebbe esser stato proprio il figlio di Agrippina, dato che per Nerone la Grecia costituiva un modello di conformazione oltreché la meta preferita dei suoi viaggi. Perché no? A dispetto della storiografia filosenatoriale, Nerone fu amatissimo dalla gente: che non si rassegnò mai alla sua morte, tant'è che per gran tempo tra i popolani corsero addirittura voci di una sua resurrezione [3]! Di certo il quadro diverrebbe vieppiù sintomatico se ci aggiungessimo che il "vescovo" di questa presunta chiesa filippese si chiamasse proprio come lo schiavo che aiutò Nerone a suicidarsi,

---

[1] In questo caso Paolo usa il termine ἅγιοι (*ághioi*), tradizionalmente tradotto come "santo": invece, provenendo da una radice indicante rispetto *a causa di timore e spavento*, questo vocabolo ha significato analogo *ma non omogeneo* a ἱερός (*ierós*), che indica il "sacro" nel senso metafisico dell'intesa.

[2] A Seneca attribuirono addirittura una corrispondenza con Paolo, approntata al tempo di Geronimo, che con estremo candore la ritenne genuina.

[3] Su di lui il Wace fornisce un affresco molto sobrio e possibilista, asserendo addirittura che non indisse alcuna "persecuzione generale".

per poi trovare la morte dietro ordine di Domiziano; a sua volta ucciso da parenti "cristiani" *anche per vendicare costui*. L'affresco assumerebbe dei toni vieppiù ariosi se considerassimo anche che, proprio in quel periodo, Petronio stesse scrivendo il suo incompiuto affresco satirico, nel quale si può intravedere in anteprima qualche scena molto vicina a quelle evangeliche o degli Atti [1].

Notabile è anche che, a quanto pare, la conversione dello zelotismo in qualcosa di più placido fosse già iniziata *precedentemente* alla predicazione paolina e in aree a prevalenza etnico-culturale non certo semita. In primo luogo, già sintomatico è che la "chiesa" di Gerusalemme, dove il "Cristo" dovette aver vissuto e operato per gran tempo, fosse stata scavalcata nel primato di chiamare "cristiani" i propri membri ad opera di quella di Antiochia, che successivamente sarà guidata da quello stesso Pietro che era già stato vescovo di quella di Gerusalemme. In secondo luogo, a nemmeno trent'anni dalla presunta crocefissione del suo

---

[1] Ad esempio nel caso del naufragio dei due amanti rapati a zero o del testamento "eucaristico" di Eumolpo.

mandante, Paolo giunge a *Efeso* (quindi a molti kilometri dal teatro dei fatti), dove chiede agli attoniti astanti da chi avessero ricevuto "il battesimo", e gli efesini – *greci* e *pagani* – gli rispondono di conoscere solo il battesimo "secondo Giovanni", mentre non avevano mai sentito parlare di un tal Gesù! Considerato che Efeso sarebbe stata una delle prime città raggiunte dai Settanta ben prima di Paolo [1], l'incongruenza risulterebbe ben grave, ma non mi stupirebbe comunque: difatti, la lettera efesina, che si presume scritta intorno al 62 d. C. (ossia mentre Paolo si sarebbe trovato imprigionato a Roma da Nerone!), è oramai ritenuta un *falso* composto da chissà chi tra il 90 e il 170 d. C. [2]! Già da questo potremmo concludere che i Settanta siano un'invenzione o che lo siano taluni avvenimenti e personaggi degli Atti: ma possibilmente entrambe le ipotesi sono vere.

Il problema diventerebbe addirittura gravoso se consideriamo che, alla luce delle agiografie, i Settanta avrebbero invaso pressoché tutta la Grecia già subito

---

[1] Suo vescovo sarebbe stato un tal Gaio, citato anch'egli da Paolo.

[2] Non sarebbe la prima né l'unica a olezzare di spurietà, considerate ben otto missive su un totale di sedici.

dopo la presunta resurrezione, laddove, a distanza di nemmeno tre decadi, Paolo avverte ancora il bisogno di rassicurare gli abitanti di Corinto che Gesù fosse veramente esistito e avesse operato meraviglie testimoniate da ben *mezzo migliaio* di persone (dice lui!), sfidando furbamente gli astanti a farsi qualche giornata di viaggio per andare a chiedere prove direttamente a Gerusalemme! Ma "chiedere" *cosa* e *a chi*? Gli stessi autori "sinottici" stettero per gran tempo proprio al seguito del Tarsiota, che dovette per forza di cose aver raccontato loro la vicenda di Gesù, da lui incontrato di persona sulla strada di Damasco; sarebbe dunque assurdo pensare che un Luca, rimasto al suo fianco fino alla morte, scriva prima gli Atti e poi prepari il proprio vangelo, nel quale parla dei Settanta (*lui e solo lui!*) *dopo* essersi recato a Gerusalemme alla morte di Paolo! Cosa ancora più strana, l'avrebbe scritto attingendo dalle stesse fonti degli altri due colleghi sinottici: che si *contraddicono a vicenda* nonostante fossero stati anch'essi al seguito di Paolo! Dunque, in che modo i corinzi avrebbero potuto mai chiedere informazioni *a Gerusalemme*, se persino per gli "autori sinottici" si verificavano problemi di tale entità?

Il problema di credibilità e genuinità cui vanno incontro i vangeli non è cosa singolare a riscontrarsi, nell'economia di tutto quanto concerne il contesto post-paolino. Sappiamo che proprio a Corinto esistesse da tempo una *sinagoga*, quindi un luogo di raduno *ebraico*, che però era retto da un altro dei Settanta: tal Sosistene, anch'egli già noto a Paolo. Sempre nella stessa città esisteva anche una comunità "cristiana", capeggiata da un altro dei Settanta: tal Onesiforo, di cui Paolo parlò nella seconda lettera a Timoteo. Il fatto che quest'ultima sia anch'essa *falsa* ci spinge a chiederci *a chi* si riferisse realmente il Tarsiota, ma soprattutto *chi* e *quando* la scrisse veramente, dal momento che già nella *prima* di queste due lettere egli cita l'Antitesi, uno scritto composto dall'eretico Marcione, vissuto quasi un secolo *dopo* di lui! Rimanendo sempre in Grecia e sempre anteriormente ai viaggi paolini, persino nella laicissima Atene sarebbe già esistita una sorta di chiesa, il cui presunto primo vescovo sarebbe stato un tal *Dioniso l'Areopagita*: vale a dire quello stesso giudice dell'Areopago che fu convertito proprio dalla brillante parlantina di Paolo! Peccato che la storicità di costui sia invalidata dal fatto che l'unica letteratura ascrittagli sia costituita da un'accozzaglia di *falsi del VI secolo*, nei quali lo si fa interagire spregiudicatamente persino con *Policarpo*, che sarebbe vissuto *decenni dopo*!

Un altro Dioniso, stavolta presunto vescovo di Corinto, vissuto intorno al 170, affermava che l'omonimo collega sarebbe stato il *primo* vescovo di Atene: ma l'affermazione sta tutta sulle spalle di Eusebio, *che è stato il primo e unico* a menzionare questo secondo Dioniso [1]. Peraltro, altre tradizioni vorrebbero piuttosto che l'Areopagita sarebbe stato preceduto da un tal Ieroteo, che a sua volta sarebbe stato battezzato proprio da Paolo: il che ci porterebbe a speculare che il *primo* a importare il cristianesimo ad Atene sarebbe stato proprio Paolo! Ciò nonostante, le notizie desunte da *Ippolito* (fl 190-230) ci attestano che tale primato spettasse a *Narcisso*, altro membro dei Settanta, che sarebbe stato ordinato *dall'apostolo Filippo* anni *prima* della venuta di Paolo! Il fatto che Narcisso sia spesso omesso da altre liste dei Settanta e che fosse

---

[1] A Dioniso di Corinto si fa citare anche un vescovo cretese, tal Filippo di Gortina, noto ancora tramite il solo Eusebio: stesso dicasi per un tal Pinito di Cnosso, presunto amico del primo.

ignoto proprio al "tredicesimo apostolo", spinge alfine a congetturare che *nessuno* di questi "testimoni" l'abbia raccontata giusta.

Tirando le somme, le cosiddette prove sulle origini cristiane provano piuttosto che sia in atto *da secoli* un grosso inganno, per cui riterrei auspicabile che gli storici inizino a chiedersi più seriamente *chi* celi in realtà lo stranissimo personaggio ufficiosamente noto come "Paolo di Tarso". Capirei che la mancanza di dati costituisca un serio incentivo all'impedimento della ricerca spassionata: ma riterrei più onesto parlare di guerriglieri o agenti imperiali, anziché d'altro.

IV.   I Padri Apostolici

Io sono il grano di Dio: lasciatemi macinare dalle
fauci delle belve, affinché io possa trovare il puro
pane di Cristo!

Ignazio d'Antiochia

Ascritto tra i primi pontefici di una Chiesa ancora
clandestina, generalmente *Clemente Romano* è reputa-
to anche il primo degli scrittori cristiani post-evange-
lici e dei cosiddetti *Padri Apostolici*; ma soprattutto, è
il primissimo a citare appunto le lettere di Paolo, suo
caro amico (secondo Eusebio: v. HE 3.15), malgrado
affermasse su di lui cose ben diverse da quanto uffi-
cialmente promosso dalla Chiesa [1].

A parere del vescovo *Ireneo di Lione* (fl 170), Clemente fu consacrato papa da Pietro in persona, ma non
c'è da giurarlo, dato che nessuno certifica che il "principe degli apostoli" si sia mai recato a Roma: sempre

---

[1] Ad esempio, che morì tranquillamente in Spagna, anziché decapitato a
Roma: tale notizia sarà ripresa da Crisostomo e Cirillo di Gerusalemme.

qualora visse davvero un tal "Simon Pietro", a giudicare dalle parole di Paolo. Dioniso di Corinto – che Eusebio pone proprio intorno al tempo di Ireneo – è il primo a dirci che Pietro fu giustiziato a Roma insieme a Paolo, ma occorre anche considerare che, oltre a esser stato nominato soltanto da Eusebio, costui fu un autore molto plagiato dagli "eretici", che facevano circolare lettere in suo nome.

Tuttora è incerto persino se Clemente sia stato il secondo, terzo o addirittura quarto vescovo dell'Urbe, dato che proprio Ireneo – poi seguìto da tutti gli altri – menziona come secondo papa un tal Lino, che egli riteneva il medesimo di cui si parla nella seconda lettera a Timoteo: cioè a dire, proprio quella falsa di cui poc'anzi. La cosa più grave è che questo misterioso Lino sia citato anche nella lettera ai filippesi di *Policarpo*, al quale stile parecchi studiosi cristiani contemporanei hanno accostato quello della suddetta lettera di Paolo: che da parte sua figura tra quelle ritenute "dubbie", in quanto scritta probabilmente per l'appunto da Policarpo stesso! Considerato che quest'ultimo sia stato citato per la prima volta da Ireneo (ritenuto un falsario già da alcuni suoi stessi colleghi), che è anche il primo a convalidare anche l'epistola paolina, direi che il mirabile circolo vizioso si chiuda da solo.

La pretesa degli agiografi andrebbe comunque ridimensionata anche per il fatto che, proprio nel caso di Clemente, i Due sospendono la loro usuale loquacità; silenzio che forse funse da scusante affinché i dotti successivi scoprissero due modalità di supplizio per Clemente, probabilmente perché ricavarono i dati sul suo martirio dalle righe di Dioniso di Corinto, Egesippo [1] (fl 150-160), Ireneo stesso e *Clemente Alessandrino* (fl 180). Allo stesso modo, nonostante l'importanza del personaggio, la stragrande maggioranza della produzione letteraria ascrittagli è stata trovata inattendibile [2] a seguito di disamine onestamente condotte persino da studiosi d'ambito religioso. D'altronde, in essa ritroviamo il primo caso d'utilizzo di articoli del paganesimo per corroborare il cristianesimo: come accade nella prima lettera attribuitagli [3], che paradossal-

---

[1] Presunto storico del II secolo *menzionato soltanto da Eusebio* e nel quale si potrebbe vedere anche una storpiatura grecizzata del primo nome di *Giuseppe Flavio*.

[2] Già nel X secolo, il vescovo bizantino Fozio la ritenne "qualcosa di cui non varrebbe la minima pena darsi cruccio".

[3] Clemente è famoso per aver citato (primo nella letteratura cristiana) un

mente è proprio l'unica giudicata genuina, pur essendo *anonima* e dovuta a ricopiature risalenti all'epoca dei soliti Eusebio e Geronimo.

Dunque, ben difficilmente Clemente potrebbe esser stato un personaggio storico o perlomeno storicamente vissuto così come vorrebbero i suoi colleghi; peraltro, talora la cosiddetta Letteratura Clementina (nella quale spiccano le *Omelie* e le *Recognitiones*) lo identifica nientemeno che con *Tito Flavio Clemente*, cioè il marito della nostra Domitilla, ponendolo così a qualche anno *prima* dell'ascesa di quel Traiano alla cui furia persecutrice si attribuisce la morte del Clemente letterario. La cosa è oltremodo strana, dato che Traiano fu un imperatore particolarmente tosto, ma non certo stupido o gratuitamente crudele: tant'è vero che i cristiani lo fecero addirittura un *neocatecumeno risorto* [1]!

Analogo discorso potremmo fare per quello che possiamo considerare il secondo dei proto-padri: l'oscuro vescovo *Abdias di Babilonia*, al quale fu attribuita una raccolta di grottesche leggende denominata

---

campionario di mitografia pagana incentrato sulla Fenice, quale "prova indubbia" della resurrezione di Cristo.

[1] La *Leggenda* vuole che Gregorio Magno lo fece resuscitare e battezzare.

Atti degli Apostoli, inventate da chissà chi. L'oleografia agiografica vorrebbe renderla credibile dicendo che sarebbe stata trasmessa dall'apologista *Giulio Africano*, che sarebbe vissuto tra II e III secolo: ma dal momento che parecchi dettagli interni indicano che essa fu scritta piuttosto in un periodo tra il 600 e il 900 d. C., sarebbe più placito pensare che qualcuno la attribuì ad Africano affinché potesse fungere retrospettivamente da testimone per questo fantomatico personaggio.

*

Martirizzato sotto Traiano (stando a Eusebio) sarebbe stato anche colui al quale dovremmo la prima menzione del termine "cattolico": quel famoso *Ignazio d'Antiochia* che, in base a un'altra testimonianza nota soltanto a Teodoreto, sarebbe stato ordinato pure lui da Pietro dopoché ebbe ceduto la cattedra di Antiochia per andare ad occupare quella di Roma! A complicare le cose, laddove *Origene* afferma che nella sede siriana Ignazio seguì direttamente a Pietro, secondo i Due era stato preceduto da un tal Evodio, che era stato ordinato anch'egli da Pietro; e non sarà certo l'ultimo antiocheno inviato qua e là per l'impero dal "Principe degli Apostoli"!

Sia come sia, Ignazio sarebbe giunto dalla capitale siriana proprio nella Città Eterna, ma per volere del buon Traiano: che l'avrebbe iscritto senza alcun motivo plausibile tra i cristiani da mandare al martirio. Il pretesto propagandistico vorrebbe portarci dunque a credere che questo grande e serissimo imperatore, allora severamente impegnato da anni contro daci e giudei, si sarebbe preso la briga d'organizzare per un mite predicatore un costoso viaggio verso Roma, dove egli giunse stipato in un convoglio di belve feroci e legionari stizzosi. Ciò nonostante, Ignazio ebbe comunque agio di scrivere lettere [1] all'evangelista Giovanni (che dovette esser spirato a Pathmos da oltre quarant'anni!) e persino alla Madonna (che dovette essere assurta in cielo da circa un secolo!), ricevendo pubbliche congratulazioni dai colleghi di altre città, stranamente risparmiati dal condividere la sua stessa sorte [2]! Il tutto solamente per concedere un ben magro

---

[1] In totale quindici, otto delle quali grossolanamente spurie.

[2] A uno di loro, tal Burro, pare che fosse stato concesso senza problemi d'accompagnarlo, laddove altri due, Zosimo e Rufo, furono giustiziati insieme a lui, come ci dice il *Martirio di Policarpo*.

pasto alle belve del Colosseo [1] come risposta a una religione che Traiano stesso pareva sentir nominare solo da qualche minuto, come si evincerebbe dal famoso scambio epistolare che l'imperatore avrebbe intrattenuto con l'amico Plinio qualche anno *dopo* la presunta condanna di Ignazio!

La cosa risulta quantomeno improbabile anche per il fatto che non è mai esistita alcuna tradizione che imponeva di giustiziare qualcuno fuori dalla propria regione natale: ad esempio, la già citata Tecla, concittadina di Ignazio, fu martirizzata nella città siriana poco tempo prima del nostro eroico vescovo. Parrebbe piuttosto quasi come se, tramite la spuria storia di Ignazio, qualcuno abbia voluto istituire una sorta di filo conduttore per l'esportazione di princìpi e dogmi da Antiochia a Roma attraversando la solita sequela di città da glorificare con la presenza del futuro martire.

L'approssimativa farraginosità della pretesa agiografica rispecchierebbe perfettamente il modo in cui l'evento del martirio ignaziano fu fissato nel tempo:

---

[1] Già nel 1800 Delehaye accertava che l'Anfiteatro Flavio non fu mai usato come teatro di martirio.

dal momento che tuttora non è chiaro nemmeno se egli fu giustiziato nel 107 o nel 109 [1], gli agiografi moderni hanno creduto di poter tagliare la testa al toro fissando *a forfait* la fatidica data al 110, scavalcando così fonti che, *obverso casu*, sarebbero ritenute "indubitabili".

*

A Ignazio seguono cronologicamente due presunti discepoli di Giovanni l'evangelista, originari di quella che è l'odierna Turchia: mi riferisco ai già citati Papia da Gerapoli e Policarpo di Smirne, la cui auge è stata posta press'appoco al tempo di Antonino Pio, ovvero dal 137 al 160 (sebbene la cosa non sia certa nemmeno in questo caso).

Per quanto riguarda il primo, la sua figura è sempre stata avvolta in un certo qual imbarazzo, talché persino un acrobata del calamaio come Eusebio non poté evitare di definirlo da un lato "dottissimo tra gli uomini e buon conoscitore delle Scritture" e dall'altro lato "ben corto quanto a intelletto" e autore di affermazioni "quasi mitiche": in effetti, imbarazzanti sono certe

---

[1] Rispettivamente secondo gli atti di martirio (rivelatisi falsi) e Geronimo.

sue dichiarazioni sulle varie Marie evangeliche, su Barsabba, sulla morte dell'Iscariota (discordante con quella "ufficiale") o sul modo in cui gli evangelisti avrebbero raccolto i dati per scrivere le loro "cronache", che la dice lunga sul discorso delle fonti di cui abbiamo già detto [1]. Questo stesso attendibilissimo testimone – così in genere lo definiscono gli apologisti – sarebbe stato, per giunta, autore di una miscellanea di ben cinque libri sui "detti del Signore": sparita nel nulla nonostante la sua presunta importanza, dopoché proprio Eusebio ce ne ebbe preservato (santa fortuna!) qualche brano in esclusiva.

Sparita nel nulla – semmai esisté – fu anche la lettera attribuita dal cardinal Baronio al successore di Papia, *Abercio Marcello*, dedicata al suo presunto carnefice: il buon Marc'Aurelio, l'imperatore più pacifista e pio della storia romana! A sconfessare queste pretese basterebbe dire che l'unico a parlare di costui sia Metafraste, poi seguìto dai gesuiti Bollandisti tanti secoli dopo; talmente storica fu la sua figura, che persino la

---

[1] Papia ci dice che gli evangelisti raccolsero dati in maniera asistematica e non in ordine, mettendo per iscritto "quel che ricordavano".

famosa iscrizione che gli si attribuisce rimane tutt'ora a dir poco dubbia.

Ancora il vescovo di Cesarea ci narra la vicenda del martirio del famoso compare di Papia, Policarpo, riferendocela da una lettera [1] scritta nientemeno che dall'eretico Marcione, del cui originale era riuscito (guarda caso!) a ottenere una copia prima che sparisse senza lasciar traccia come al solito. In questa miracolosa missiva – dice il Cesarita – si raccontava in che modo il baldo ottantaseienne, scampato in maniera mirabolante a fiamme, belve e vari supplizi, moriva decapitato dal vil ferro e infine bruciato al rogo per ordine di Antonino Pio: che sarebbe stato un imperatore molto rispettoso dei cristiani, a detta dello storico *Dione Cassio* (155-230), generalmente ritenuto assai affidabile. L'assurdità della pretesa di Eusebio risalta soprattutto anche dal fatto che egli stesso attribuì ad Antonino un rescritto, l'*Ad Conventum Asiae* [2] (v. HE 4.13), col quale l'imperatore *proibiva* di punire i cristiani dietro l'accusa di ateismo; sospetto non dissimi-

---

[1] Comunemente nota come "Passione di S. Policarpo".
[2] Questo rescritto è stato dimostrato spurio già dall'Harnack.

le grava anche sulle affermazioni da lui riportate a nome di *Melito da Sardi* (fl 160-180), riguardo a provvedimenti analoghi che il sovrano avrebbe inviato a varie chiese turche.

L'amena missiva di cui sopra costituisce l'unica prova biografica su Policarpo, unitamente a quella inviata a quest'ultimo da Ignazio e a quella spedita da Policarpo stesso ai filippesi. Quest'ultima ci è stata tramandata ancora da Eusebio sulla scia di *Ireneo di Lione*, che fu anche il primissimo a citarci i due padri cappadoci; cosa vieppiù interessante, nonostante il vescovo francese citi Policarpo, che a sua volta dovette esser stato in *stretto* legame epistolare anche con Ignazio, quest'ultimo non viene mai citato da Ireneo... Tutto ciò risulterebbe vieppiù chiaro considerato che persino l'Enciclopedia Cattolica abbia ritenuto plagiate anche le testimonianze di altri autori ritenuti contemporanei o connessi a Ignazio, lettera di Policarpo inclusa: vista la cosa, direi piuttosto che sussistano tutte le buone premesse per affermare che si tratti non già di plagi di genuine biografie di personaggi storici, bensì di complete *invenzioni*, effettuate di sana pianta probabilmente all'epoca del buon vescovo francese.

Eccetto che fosse anch'egli oriundo dell'attuale Turchia e che fiorì intorno al 170-190, ben scarni sono anche i dati biografici su Ireneo stesso. Singolare è il fatto che, sempre secondo Eusebio, il suo martirio sarebbe avvenuto sotto il solito Marc'Aurelio, presunto esecutore anche del suo maestro Policarpo; ma queste strane dicerie a carico dell'imperatore più illuminato della storia, definito *protettore dei cristiani* persino dall'acre Tertulliano (v. *Apologeticum* 5.4), sono dovute forse a un errore perpetrato dallo stesso "padre della storiografia cristiana", ignaro che lo Stazio Quadrato presunto esecutore dell'arresto fosse stato proconsole sotto Antonino Pio (86-161), cioè ben *dieci anni prima*!

Tolto ciò, la cosa più importante che potremmo rilevare subito su Ireneo è che egli sarebbe l'iniziatore del Canone, essendo stato il primo ad associare degli evangelisti a ciascun vangelo, citandoci però dei brani inesistenti nelle versioni odierne: singolarità che potrebbe suscitarci qualche dubbio in più, considerando che il dotto patriarca bizantino *Fozio* (ca. 900) seppe dirci con inquietante sicurezza che il Lionese si fosse macchiato di *contraffazione delle Scritture*.

V. I primi apologisti

Ogni chiesa dovrebbe mettere in cassaforte i propri tesori ed emettere moneta corrente: quella dell'amore, di cui c'è così tanto bisogno!

Atenagora

Tutti questi primi Padri non furono dei veri e propri apologisti, ma piuttosto dei promotori, apportati da scrittori seriori come prova della genuinità della fede cristiana; prova che, evidentemente, non riusciva comunque a cancellare i dubbi dei pagani più colti, che denunciavano il cristianesimo come una superstizione nociva e priva d'originalità.

A difendere con veemente decisione il cristianesimo da queste accuse ci pensarono per primi i greci, allenatissimi in mitografia e sofistica. Anche in loro merito ci viene tramandato veramente pochissimo, eccetto la facile nomea che fossero dei formidabili filosofi e oratori: una fama forse esagerata, dacché gli imperatori ai quali essi indirizzavano le loro supliche rincararono vieppiù contro il cristianesimo, lungi dal con-

121

vincersi a legalizzarlo. Agrippa Castore, Pinito di Cnosso, Aristone di Pella [1], Rodone e Filippo di Gortina si riducono a dei nomi pressoché insignificanti, essendo legati a perdute apologie minori. Qualcosa in più sappiamo a proposito dell'ateniese *Aristide Marciano*, un apologista molto plagiato [2] che, a detta di Geronimo, scrisse ad Adriano (fl 110) un'apologia assai nota: evidentemente essa era talmente famosa che non si reputò necessario trasmettercene una singola sillaba...

Sempre ad Adriano era indirizzata la supplica del concittadino *Quadrato*, altro membro dei Settanta, citato unicamente da Eusebio tramite il solito "Dioniso di Corinto": Eusebio ce ne tramanda un unico frammento, nel quale il sofista ateniese attestava addirittura che i testimoni delle gesta di Gesù fossero vivi ancora al suo tempo, vale a dire intorno al 124!

Quanto ad Atenagora, si sarebbe trattato di un anticristiano che, una volta convertitosi, scrisse una supplica al solito Marc'Aurelio e un trattatello che – se-

---

[1] Da non confondersi con l'omonima presunta fonte di Papia.
[2] Come affermava Frederick Conybeare, vescovo e teologo di Oxford.

condo lui – dimostrava la plausibilità della resurrezione. Nonostante cotanta impresa, Eusebio e Geronimo lo ignorano, laddove risulta noto ad autori minori loro contemporanei, come Metodio d'Olimpo; per avere altre testimonianze su di lui dovremo attendere il V secolo, quando ne parlò un diacono di Giovanni Crisostomo, tal *Filippo da Side*: epperò, pur utilizzando frequentemente Eusebio come fonte per i propri scritti, egli è generalmente ritenuto inaffidabile appunto a proposito di Atenagora [1]! A parte costoro, gli unici autori di un certo peso ad aver accennato a questo sofista furono Epifanio e Fozio, attivo nel periodo in cui fu *riscritta* l'unica versione della *Supplica* pervenutaci: e siamo nel IX secolo.

Sovente unificata alle righe di Atenagora è l'operucola di un tal Ermia, di incertissima identità e collocazione storica. Si tratta di un satirista che tenta di destituire in toto la paganità ridicolizzandone la filosofia e pretendendo che i suoi esponenti non riuscissero a far altro fuorché discordare su qualsiasi cosa: per sua buona pace, a ben guardare la storia avrebbe potuto

---

[1] Che secondo lui fu attivo al tempo di Adriano e Antonino Pio.

certamente constatare che i pensatori cristiani successivi erediteranno in toto dagli esecrati predecessori "politeisti" anche il brutto vizio della discordia.

*

Ispirato da Aristide fu un personaggio ben più famoso: *Flavio Giustino* (100-166), massimo dotto proto-cristiano dopo Origene e Geronimo. Costui è anche il primo pioniere nella lista dei pesi massimi dell'apologetica, che allora mirava in special modo a confutare gli eretici ancorché pagani ed ebrei [1]; è lui, infatti, a introdurre il termine "eresia" col significato oggi adusato.

Malgrado la sua importanza e nonostante le fonti che lo citano inizino finalmente a diversificarsi [2], è singolare che sulla sua vita ci rimanga comunque assai poco: al punto che risultano incerte persino data e circostanze del suo presunto martirio, che sarebbe avvenuto ancora per mano del povero Marc'Aurelio. Sappiamo che fosse stato un pagano d'origine greca nato a Samaria, ex adepto di "arti magiche" e autore di otto

---

[1] Nel suo periodo fiorirono Marcione, Cerdone e Valentino, successi all'eresia docetista diffusasi già dal tempo di Ignazio.

[2] Prima di Eusebio ne avevano parlato Ireneo, Tertulliano e Metodio.

opere, tra le quali le più importanti sono le due difese del cristianesimo [1], il *Dialogo con Trifone* e la *Esortazione ai greci*. Riguardo alla prima, c'è da ricordare che ne escogitò persino una risposta, facendola figurare come una missiva inviatagli dall'imperatore in persona: un passo falso cui Giustino era praticamente abbonato, considerato che egli è noto anche per aver diffuso per primo la leggenda del rapporto di Pilato a Tiberio, che sarà poi ripresa con gran leggerezza da Tertulliano, Crisostomo, Eusebio e Orosio! D'altronde, l'attendibilità storica di Giustino è oltremodo dubbia già per quanto riguarda la convalida di certuni personaggi evangelici: ad esempio, ci dice che il suo fantomatico compatriota *Simon Mago* – poi identificato con il quasi omonimo eretico degli Atti – fosse adorato non solo in "patria" con il titolo di "Simone Santo", ma persino a Roma, dove aveva addirittura immagini con la dedica "a Simone, dio santo"! In realtà, è più probabile che per tratteggiare la figura di questo misterioso eretico egli stesse semplicemente traendo

---

[1] Prima e Seconda Apologia: l'una indirizzata ad Antonino Pio, l'altra al Senato.

spunto dall'antico demone sabino *Semo Sancus*, che possedeva appunto dei santuari sul Quirinale!

Questa imbarazzante caratteristica si ripete anche in altre circostanze: ad esempio riguardo alla terza opera, a cui proposito è curioso principalmente il fatto che egli faccia dire al suo immaginario interlocutore di aver letto i vangeli, sebbene ignorasse ancora chi ne fosse stato il protagonista!

Nel paradossale circolo vizioso in cui seppe rinchiudersi, Giustino arrivò al punto da regalarci il gustoso brano per cui questo dialogo fittizio è famoso:

> In verità, è ignoto se il Cristo sia già nato e viva da qualche parte; anzi, egli è ignaro persino di se stesso [...].
> Così, voi, *avendo accettato un racconto infondato, vi siete inventati un Cristo a vostro uso*: e per tale motivo state perendo così sconsideratamente.

Per confutare l'ebreo Trifone (questo il nome dell'avversario), Giustino non ricorre ad argomenti, bensì fa man bassa di sofismi e assurdità di varia natura. Ad esempio, secondo lui la maledizione comminata dal dio biblico per tutti coloro i quali fossero morti in croce sarebbe stata "sospesa" appositamente per Gesù da Yahve stesso: il quale, con un'atroce e vergognosa condanna politica, assimilò suo "figlio" al serpente di bronzo con cui Mosè curò i morsi dei serpenti del deserto, "aggiornando" l'infallibile Legge che proprio Lui aveva promulgato tramite Mosè stesso! Così facendo, Giustino ci faceva capire d'attingere anche dal messianesimo samaritano (antitetico a quello giudaico, che era più militarista e pragmatico), nel cui contesto Mosè costituiva il modello di messia da cui i compilatori evangelici fecero discendere indirettamente Gesù, quando gli fanno esclamare che il condottiero ebraico avesse parlato di lui.

Secondo Giustino, con la crocefissione Gesù avrebbe trionfato sui demoni realizzando l'ideale filosofico preconizzato da Socrate e tanti altri filosofi pagani che, a suo parere, erano stati una sorta di "cristiani prima di Cristo" e perseguitati per aver detto la verità! Le analogie tra paganesimo e cristianesimo – aggiungeva – non avrebbero dovuto far gridare i Gentili al plagio, ma anzi rassegnarli al fatto che la nuova religione fosse fondata sulla verità *proprio a cagione delle similitudini tra Gesù e i precursori pagani*, che erano stati inventati *premeditatamente* da "demoni" allo scopo d'infangare il futuro idolo cristiano! Sta ai teologi moderni scoprire in che modo potessero già esistere dei demoni di sapore cristiano al tempo dei classici della mitologia greca e romana, senza con ciò implicare che Giustino stesse facendo ricorso a termini già greci: rimane comunque di fatto che il faceto argomento riscosse – malauguratamente – parecchia fortuna tra i suoi epigoni più smaliziati e tra quelli meno brillanti.

*

Concezione quasi identica ebbe il suo degno discepolo, l'assiro *Taziano*, sulla cui biografia sappiamo – tanto per cambiare – pochissimo. Egli è famoso come apologista per aver scritto l'*Orazione ai greci*, nella quale tentava di sbugiardare gli errori politeisti; ciò malgrado, fu abbondantemente svillaneggiato addirittura da Ireneo, essendo diventato un eretico per parte sua [1]!

Nonostante il suo status di lontananza dal cattolicesimo, questo strano autore risulta tuttora celebrato dai cattolici soprattutto per via del famosissimo *Diatessaron*, prima e unica versione di vangelo quadripartito

---

[1] Taziano apparteneva agli *encratiti*, una setta misogina che successivamente si divise in acquariani (quelli che bevevano solo acqua) e apostolici (avversi alla proprietà privata).

utilizzato in Siria dal suo tempo fino al IV secolo, e per tal motivo ritenuto "prova" del fatto che la tradizione dei quattro vangeli associati ad altrettanti evangelisti sia molto antica; in realtà, a dispetto dei tentativi di autori come Wace di prospettare addirittura *due* di questi scritti apparsi in forma omonima, è seriamente impossibile che si tratti di qualcosa d'originale, in quanto Eusebio ci rivela che il Diatessaron sarebbe stato composto ben *cento anni dopo l'epoca di Taziano* (cosa che il Wace omette accortamente di citare); oltremodo indubbio è che esso non potesse certo costituire motivo di vanto per le chiese siriane, dal momento che il buon Teodoreto si prese la briga di requisirne una per una le oltre duecento copie sparse nella sua sola diocesi, sostituendole con le versioni canoniche!

*

Ippolito "Romano" (ca. 170-230), pupillo di Ireneo, deve la propria nomea di "primo anti-papa della cristianità" ai più gravi bracci di ferro d'autorità accorsi anteriormente a quelli – non meno spettacolari – tra Damaso e Ursino, Macedonio e Paolo o Dioscoro e Leone Magno. Ad onor del vero, tutto il periodo in cui egli fu attivo non è immune da una diffusa atmosfera polemica e caotica che soffondeva pesantemente la capitale: nei suoi stessi anni avrebbe agito anche un altro presunto discepolo di Ireneo, l'oscuro apologista romano Caio, che intrattenne contro il montanista Proclo una disputa talmente feroce da risultare nota soltanto a Eusebio. A parere del vescovo di Cesarea, questo Caio era anche a parte di testimonianze sulla venerazione dei resti di Paolo e Pietro a Roma già a partire dalla metà del II secolo: testimonianze di cui lui è il primo ed anche unico latore... A riprova della coerenza di questo testimone, gli si faceva dire anche che la *Lettera agli ebrei* paolina fosse un falso e che il vero autore dell'Apocalisse giovannea fosse l'eretico Cerinto: cosa che gli valse decise critiche proprio da parte di Ippolito...

Trovatosi sin da giovane ben a suo agio a sguazzare nelle beghe ideologico-teocratiche, quest'ultimo ebbe indubbiamente la sua grossa parte di responsabilità nell'iniziativa delle dispute intraprese contro Zefirino, un papa inetto e venale al quale, per motivi meramente pratici, egli rinfacciò d'aver favorito esponenti sabelliani [1] ed accettato danaro in cambio dell'appoggio a Cleomene, discepolo del noeziano Epigono. Nonostante tutti gli sforzi per spodestare il tenace avversario, Ippolito non poté comunque adire all'agognato soglio dopo la di lui morte, perché fu scalzato dal segretario di Zefirino: l'avventuriero Callisto, sicuramente una delle figure più imbarazzanti della Cristianità anteriormente al periodo della Pornocrazia. Il nuovo avversario ora lo accusava di subordinazionismo e Ippolito gli rinfacciava d'esser stato un ladro: cosa peraltro verissima. Accusato d'essersi appropriato delle offerte dei poveri, Callisto sarà deportato ai lavori forzati, ma riuscirà a scamparla convincendo i funzionari di una sua presunta tresca con Marcia, concubina di Commodo, che cadrà vittima del complotto da lei ordito: non si sa per quale motivo si sarebbe reso necessario fare ciò, dato che l'ascesa di Commodo avrebbe segnato la fine delle persecuzioni – già di per sé spurie – di Marc'Aurelio.

Sia come sia, la stucchevole disputa tra i due aspiranti papi finì con la morte di Callisto per mano dei

---

[1] I cosidetti modalisti d'Oriente, altrove noti come *patripassiani*.

seguaci di Ippolito, che dal canto suo morrà nelle miniere sarde, dove sarebbe stato deportato insieme a Ponziano per ordine di Massimino Trace; versioni differenti dal Catalogo Liberiano vorrebbero, invece, che Callisto fosse stato martirizzato sotto Alessandro Severo, un imperatore talmente tollerante che persino Eusebio lo riteneva addirittura ammiratore di Gesù!

È placito che un personaggio come Ippolito non possa vantare alcunché di speciale: la sua santificazione è avvenuta massimamente perché avrebbe composto la sorgente dello stesso Liberiano – il *Liber Generationis* – e un'opera di condanna delle eresie originalmente intitolata *Refutazione di tutte le eresie*, purtroppo giuntaci incompleta. Con siffatte credenziali passò ben facilmente dalla storia al folklore, divenendo patrono dei cavalli per via di una facile analogia nominale dovuta a un banale errore del poeta spagnolo *Prudenzio* (V sec.), ingannato da alcune dicerie apocrife sul modo in cui morì squartato tra due cavalli, diversamente da quanto dice la versione liberiana. Questo genere di problemi non sono inusuali, quando si tratta di agiografia: pensiamo ad esempio al fatto che, secondo alcuni, sul "martire" Lorenzo fu elaborata la ridicola storia (riportata ancora dal buon Prudenzio, oltreché da Agostino e dal suo degno maestro) semplicemente sulla base di un errore di trascrizione compiuto da qualche copista, che lesse "passus est" ("morì") come "assus est" ("fu arrostito"). Non per nulla il povero Lorenzo fu fatto patrono dei cuochi...

Così accadde che Ippolito visse effettivamente più di una vita come l'eroe pagano suo omonimo: che da parte sia incarnava una riedizione di Virbio, dio della vegetazione morto e risorto. Di certo rivisse nel culto delle sue reliquie, che secondo la leggenda medievale sarebbero state trasportate da Roma a Parigi, in barba all'incredulità con cui papa Alessandro III accolse la notizia: e ci volle proprio un gran prodigio per convincerlo del contrario!

*

Su *Teofilo d'Antiochia* (fl 170) sappiamo che fu anch'egli un ex pagàno e che delle molte opere attribuitegli da Geronimo rimase soltanto il *Contro Autolico*, una delle più bizzarre apologie della prima fase difensiva: difatti, in essa egli faceva largo uso del Vecchio Testamento per avvalorare il Nuovo, che egli cita così scarnamente da suscitare dubbi sul fatto che ne fosse a piena conoscenza, nonostante alcuni lo identifichino con l'omonimo dedicatario del vangelo di Luca (cosa prepostera, considerato che quest'ultimo sarebbe morto un secolo prima!). A rincarare la dose, il vescovo siriano elogia anche autori pagani come Arato e Platone – che però cita erroneamente –, considera autentici gli Oracoli Sibillini, ridicolizza chi asserisce che la Terra è rotonda e infine afferma con piglio serioso che il nome di Eva deriverebbe dal lussurioso grido delle baccanti, *evoé*!

Contemporaneo di Teofilo è Dioniso di Corinto, del quale ci rimangono soltanto i titoli delle opere, tramandateci dal solito Eusebio. Medesima cosa dicasi di *Milziade* (fl 165) e del successore di Papia, *Claudio Apollinare* (fl 170) di cui permangono alcuni frammenti sempre in Eusebio: nonostante da parte sua fosse stato un eretico millenarista come Ireneo e Papia, costui è annoverato come santo, probabilmente perché si oppose all'eresia montanista tanto quanto Milziade.

Incerto è se l'avvocato africano *Minucio Felice* sia vissuto intorno al 150 o al 260 e abbia avuto cognizione delle opere del connazionale Tertulliano, al cui stile è assai vicino; fatto sta che i primi a citarlo siano

Lattanzio e Geronimo, laddove Eusebio (contemporaneo del primo) stranamente non ne fa menzione. Egli viene ricordato solamente per l'*Octavius*, la primissima operetta apologetico-didascalica scritta in latino, che riecheggia Seneca, Cicerone e altri famosi scrittori pagani. Oltre a questo scrisse un trattato perduto, il *Contro gli astrologi*; ce lo dice ancora Geronimo, seppur mettendone in forse l'autenticità.

Segue l'eunuco turco *Melito da Sardi*, santo per dei meriti apologetici che, purtroppo, non possiamo valutare: malgrado le sue opere più importanti siano stranamente andate perdute, di alcune possediamo frammenti che ce ne dimostrano lo scarso valore teologico e il fanatismo *naïf*, uniti a un millenarismo che non potevano affatto renderlo gradito allo storiografo di Cesarea, che ce ne tramanda la sparuta memoria [1].

Nulla sappiamo neppure sul vescovo *Massimo di Gerusalemme*, vissuto al tempo di Commodo; frammenti delle sue opere sono citate da Eusebio, Geroni-

---

[1] Traendo spunto da fonti a loro volta perdute tempo addietro, Eusebio ci dice che Melito avesse scritto un'apologia a Marc'Aurelio e un'altra ad Antonino Pio (o forse Elagabalo), ai quali "mostrò la via per la verità": Geronimo gli attribuì oltre dieci opere.

mo, Metodio d'Olimpo e Fozio, pur se è più probabile che il primo di questi autori abbia attribuito erroneamente a Massimo alcune opere di Metodio stesso!

Il siciliano *Panteno*, giudeo d'estrazione stoica e fondatore della scuola catechistica alessandrina, fa registrare un paio di stranezze anacronistiche: i Due asseriscono, infatti, che portò dall'India ad Alessandria il vangelo in caratteri ebraici di "san" Bartolomeo, mentre Fozio scriveva che avesse affermato d'aver udito gli apostoli in persona, ma non saprei capacitarmi in che modo ciò possa esser stato possibile, dato che Panteno fu attivo tra il 160 e il 193...

Molto di più ci sarebbe da dire riguardo al suo famoso pupillo, *Clemente Alessandrino*, un ex pagano d'origine ateniese [1] elogiato dal Wace "tra i più dotti Padri ante-niceni insieme a Origene e Africano": la reale valenza di cotanta dottrina potrebbe essere asseverata osservando la sicumera con cui egli attribuì al Barnaba paolino una lettera scritta da ignoti due secoli dopo, oppure in che modo miscelasse platonismo e

---

[1] La sua nazionalità ci è nota soltanto dalle righe di un tal *Epifanio Scolastico*, oscuro storiografo vissuto tre secoli dopo.

stoicismo ispirandosi a fonti come le "preghiere di Pietro" (note a lui soltanto, in tutta la Cristianità!), la Sibilla e la Cabala; inoltre, proprio a lui si deve in pratica la diffusione della teoria del plagio da parte dei pagani ai danni di giudei e cristiani, il ritorno di fiamma dei "demoni diffamatori" di Giustino ed infine la teoria secondo la quale Gesù, essendo un essere superiore, non evacuava il cibo ingerito. Tutte nozioni altamente dotte e scientifiche.

Qualora a tutto ciò aggiungessimo che si nascose per sfuggire alle persecuzioni severiane (che secondo lui mieterono decine di martiri *al giorno*!) e che tra le sue fonti vantò eretici come Taziano e il proto-docetista Giulio Cassiano, non avremmo nulla di cui stupirci se un tal mirabile pilastro di dottrina cristiana sia stato cancellato dal calendario.

Invero, la razza umana ha sempre meritato di ricevere il male dalla mano di Dio.

Tertulliano

Origene Adamanzio (ca. 185-255) è il primo teologo d'una certa qual importanza che ritroviamo nell'arco dal II al III secolo: egli fu discepolo di Clemente, a
differenza del quale si fece notare per un'onestà molto
più spiccata, una dottrina molto più profonda e una
credulità oltre il limite dell'autolesionistico.

La sua figura si colloca a cavallo di un periodo assai tormentato che ne coinvolse la famiglia: suo padre
Leonida, infatti, sarebbe morto martire sotto Settimio
Severo nell'anno della fuga del di Clemente in Cappadocia e anche Origene fu fatto prigioniero, ma
scampò alla pena capitale grazie a uno stratagemma
escogitato dalla madre. Il fatto che a parlare del martirio del padre non sia stato Origene, bensì il solito Eusebio, lascia comunque adito a qualche dubbio sulla
realtà dei fatti: specie considerando quanto Origene

stesso ebbe a dire sull'esiguo numero di martiri mietuti fino ai suoi tempi!

Studioso d'ampia e mirabile erudizione, l'Alessandrino si cimentò in una titanica traduzione della Bibbia a ben sei colonne (la famosa *Exapla*), poi riedita dallo stesso Eusebio, come ci dice Geronimo; pare, inoltre, che abbia posseduto la biblioteca più vasta tra tutte quelle dei colleghi, buona parte dei cui testi gli furono procurati dal suo discepolo e mecenate Ambrogio d'Alessandria, ex eretico e poi presunto martire sotto Massimino Trace. Il progetto della Grande Biblioteca di Cesarea, alla cui fonte si abbeverarono i tre padri cappadoci e Geronimo stesso, contemplava l'archiviazione di circa trentamila volumi e per gran parte fu sovrinteso da lui stesso dopoché fu cacciato da Alessandria nel 232 da quello stesso Demetrio che l'aveva ordinato vescovo della metropoli egiziana a soli diciotto anni.

Origene è legato anche a controversie ereticali come quelle dei concili di Bostra (245-6), dove condannò i berilliani: impresa che non gli risparmiò comunque l'accusa d'eresia a sua volta, talché fu ritenuto la fonte da cui presero spunto quasi tutte quelle successive! Fastidiose erano soprattutto certe sue teorie sul modo in cui interpretare le Scritture, ovvero allegoricamente: ciononostante, in una malaugurata circostanza prese sin troppo letteralmente il precetto degli "eunuchi per il regno di Dio", evirandosi con le sue stesse mani. Malgrado un'azione del genere fosse stata considerata "altamente virtuosa" dal suo maestro, in età avanzata Origene se ne pentirà amaramente. Non così fu per la folle setta dei Valesiani, che per ripetere questo gesto castravano se stessi e chiunque capitasse loro a tiro.

A parte ciò, possiamo sicuramente dire che, nonostante il suo indubbio valore dottrinario e culturale, egli fosse un credulo al confine della candida malizia: ad esempio, continuò la tradizione di far passare gli dèi pagani come personaggi reali e soprattutto dichiarò che alcuni vangeli fossero stati manomessi varie volte. In tal modo non s'avvide di concordare col filosofo pagàno Celso, che egli aveva tentato vanamente di confutare a difesa della storicità e divinità di Gesù nella sua *opus magna* apologetica.

*

Grande amico di Origene sarebbe stato il già citato Giulio Africano, "grande studioso" sul quale – nulla di cui stupirsi – sappiamo men che poco. La sua *Chronographia* costituì una fonte preferenziale per gli scritti di Eusebio: il che è tutto un dire, se guardiamo a brani a dir poco inquietanti come quello dell'oscurità avvenuta durante la resurrezione, oppure quello in cui confermava che la nascita di Gesù fosse stata prevista dai magi grazie all'astrologia.

Quasi contemporaneo fu uno dei discepoli minori di Origene, *Teognosto d'Alessandria* (ca. 230), altro di quei Padri minimali ignoti ai Due; lo citano soltanto Atanasio, il solito Filippo da Side e Fozio.

Coevo fu anche un altro pezzo da Novanta della prim'ora, l'avvocato cartaginese *Quinto Settimio Fiorenzo Tertulliano*, che inaugura la cosiddetta Patrologia Latina [1]. A questo ennesimo straniero ed ex pagàno, reclutatosi a forza nelle fila dei "folgorati dalla Verità", dobbiamo la prima proposta di un Canone bi-

---

[1] È il primo a scrivere in latino una produzione letteraria sistematica e vasta, ridicolizzando i colleghi greci come roba superata.

blico che integrava come genuine delle opere che, in seguito, si scoprirà essere false. Rimanendo a tal proposito, si sospetta, inoltre, che egli sia stato l'autore di un clamoroso falso martirologico: la *Passione di Perpetua e Felicita*, ambientata al tempo del povero Settimio Severo. Non è tutto: attribuibile a lui è anche il famigerato *Rescritto Neroniano* e qualche altro singolare documento, come il rapporto di Pilato a Tiberio e la strana lettera (nota a lui soltanto) con cui Marc'Aurelio avrebbe attribuito alle preghiere dei cristiani la salvezza del proprio esercito [1]; cosa che, peraltro, non farebbe capire come mai avrebbe continuato a perseguitarli costantemente, a detta di altri apologisti.

Lo stile apologetico di Tertulliano si basa soprattutto sul paradosso: secondo lui, Dio si sarebbe veramente incarnato, morto e risorto *proprio perché la cosa è patentemente assurda*! Ed ancora, i cristiani sarebbero stati perseguitati "semplicemente per essere cristiani", cosicché Dio aveva voluto dimostrare in tal modo

---

[1] Si tratta della leggenda della "Legione Tonante", che egli trasse forse da *Claudio Apollinare*, il quale probabilmente la distorse a sua volta da una favola del tempo di Augusto, nella quale occasione i legionari ringraziarono piuttosto Mercurio e Giove.

l'iniquità dei loro aguzzini! Questo mirabile maestro di controsensi faceva finta di meravigliarsi di come mai questi strenui pacifisti fossero così odiati dai romani, dato che prestavano servizio persino nell'esercito: incapace di capire che in tal modo stesse fornendoci la primissima prova della tanta decantata "mitezza" dei cristiani; a suo parere, essi erano tanto miti e superiori quanto a intelletto e condotta verso il prossimo, da preferire di farsi ammazzare pur di non nuocere al prossimo, pur essendo così numerosi da poter tentare di ribaltare la situazione [1]! Epperò, nessuna menzione egli fa del boicottaggio della politica, della sicurezza, del welfare, della cultura e della religione dei "tiranni" da parte di questi cocciuti "perseguitati ingiustamente"; boicottaggio che proprio lui si prenderà la briga di fomentare appunto col pretesto della necessità di "rinnovare" una società "perversa e decadente"!

Dopo quasi un trentennio di attacchi contro eretici e pagani al servizio del cattolicesimo, alfine questo fiero baluardo della verità diverrà un montanista, cioè ereti-

---

[1] Vedi Apologetico 37, 38, 39.

co e perseguitato dai suoi ex compagni di fede! D'ora in avanti Tertulliano dirà tutto il contrario sul servizio militare, ma soprattutto stigmatizzerà la donna e persino la sessualità matrimoniale [1]! Non contento di tutto ciò, in età molto avanzata fondò addirittura una setta ancor più intransigente, che da lui prese il nome di "tertullianista".

In genere si può dire anche che una delle più serie concause della recrudescenza delle generiche persecuzioni contro i cristiani possa essere stato proprio il montanismo, eresia integralista ed eccessiva dalla quale i cattolici si dissociavano tentando di far capire ai sovrani di non averci nulla a che spartire. È significativo che proprio a partire dall'epoca di Tertulliano si faccia discendere l'aperta ostilità verso il sesso e la donna, l'incitamento al monachesimo e al *contemptus mundi*, l'esaltazione della verginità e del rigore ascetico più fanatico; di converso, è oltremodo notabile

---

[1] Nell'*Esortazione alla castità*, scrisse che la donna sarebbe "la porta del demonio", attraverso la quale Satana "striscia nei cuori e nelle menti degli uomini, macchinando il male per la loro distruzione spirituale". Tertulliano giunse persino ad annunciare pubblicamente d'aver rinunciato all'atto coniugale, affermando che il sesso allontanasse lo Spirito Santo.

l'*excalation* dell'ipocrisia, della cupidigia e della sodomia tra religiosi, che più avanti porteranno a provvedimenti sfocianti nelle restrizioni del celibato e nella revoca del possesso dei beni ecclesiastici.

Ai teologi giova comunque la produzione tertullianea del periodo cattolico, nella quale egli dava libero sfogo alle sue qualità dialettiche accorpando vittimismo, attacco *ad hominem*, antisemitismo, le solite Sibille e altre amenità. Non meno famosi sono i suoi esempi didascalici che faranno scuola da Agostino a Isidoro da Siviglia: tra i tanti mi sovvengono la iena che cambia sesso ogni anno, la morte e rinascita della Fenice, l'effetto ringiovanente del veleno dei serpenti sui cervi e tanti altri "casi naturali" che, secondo lui, comprovavano indubbiamente la resurrezione di Gesù (vera in quanto assurda, ricordiamolo!).

*

Concittadino e ammiratore di Tertulliano fu un altro ex pagàno antisemita, *Tascio Cecilio Cipriano* (ca. 210-258), che si convertì al cristianesimo per espiare i vizi di gioventù. Egli è noto soprattutto per aver denunciato plagi a carico dei vangeli e delle proprie lettere personali da parte di "individui privi di scrupoli":

145

scrupoli che egli stesso non sentì mordergli la coscienza, quando si trattò di nascondersi per sfuggire alle persecuzioni, pur avendo tuonato contro i lapsi che chiedevano di rientrare nel gregge [1]!

La fuga di Cipriano seguiva un atteggiamento talmente radicato da secoli, che già lo stesso Tertulliano non aveva potuto esimersi dal condannarlo con veemenza quantomeno per salvare le apparenze; anzi, nonostante gli storici più leziosi indulgano frequentemente nell'additare a Decio le più gravose persecuzioni della storia, lo stesso Cipriano le considerò un *atto dovuto* perché i cristiani non osservavano la volontà di Dio! Epperò, non è chiaro di chi o cosa si lamentasse, dato che a quel tempo nella metropoli egiziana non ci furono che sole diciassette vittime per la fede [2]!

A dire il vero, nemmeno il periodo che prelude alle persecuzioni dioclezianeo-galeriane pare esser stato così denso di martiri come vorrebbe l'oleografia cristiana: anzi, ci furono piuttosto altri pentiti. Quando Diocleziano iniziò a far sul serio, nel 302-304, ecco

---

[1] Cipriano è noto anche per aver proposto di sospendere la paga mensile ai vescovi che avessero ammesso alla comunione i pentiti.

[2] Ce lo riferisce Eusebio citando il nostro Dioniso d'Alessandria.

fioccare le storie di quei martiri che, con stoica determinazione, tentano di controbilanciare la vergogna dei lapsi. Ad esempio, un tal Marcellino, papa di oscure origini e incerta vita, morì di cause naturali dopo essersi piegato a sacrificare agli dèi e aver ceduto i libri sacri ai pagani: così dice il vescovo africano Petiliano, vissuto al tempo di Agostino. Ciò non bastò agli agiografi onde evitare di farne un martire e santo, probabilmente duplicandolo nella figura di un altro omonimo che era stato giustiziato *in tandem* con un tal Pietro nello stesso anno del precedente. Ne seguì un periodo d'anarchia pontificia di quattro anni che fu colmato da un papa chiamato – guarda caso – *Marcello*: anch'egli di natali ignoti ma, grazie a Dio, strenuo nemico dei lapsi! Cosa non meno notabile, la sua fittizia e tarda biografia circola in due versioni, una delle quali è stata appaiata a quella dell'altrettanto spurio Ciriaco d'Antiochia, che fa pendant con un omonimo martire bambino detto "Romano", col quale furono giustiziati entrambi in quegli stessi anni. Insomma, le colorite leggende del periodo della "grande persecuzione" ascrivono alla furia di Diocleziano e Valerio Massimiano oltre *ventimila* (!) vittime *nella sola Nicomedia*, laddove appare chiaro che una media di duecento giustiziati al giorno sia quantomeno esasperata persino per i *lager* nazisti, qualora il numero non riuscisse a mimetizzarsi in mezzo a esagerazioni tinteggiate dal "fiume di sangue" sparso a piena penna dal solito Eusebio.

Tornando al nostro Cipriano, l'audace vescovo continuò comunque a dirigere coraggiosamente il gregge dal suo nascondiglio tramite un intermediario, finché non si convinse a consegnarsi al boia di Valeriano per espiare tanta viltà agli occhi delle sue miti pecorelle abbandonate: che si accalcarono sul suo corpo decapitato per intingere pezzuole nel suo santo sangue! L'intrepido pastore cartaginese fu dunque canonizzato dalla Chiesa come martire (verosimilmente dei suoi stessi accoliti...) e la sua imbarazzante vicenda accrebbe di valenza nel corso dei decenni, originando uno dei non rari tanti casi di *merge & acquisition* che abbiamo già notato en passant. Si arrivò addirittura al punto che *Gregorio Nazianzeno* (ritenuto "testimone attendibile") lo confuse senza problemi con l'omonimo e probabilmente mai vissuto martire deciano originario di Antiochia, facendolo morire vittima dopo la solita sequenza di atroci supplizi tipica dei più pedestri pubblicisti cristiani.

Contemporaneo di Cipriano fu *Gregorio Taumaturgo* (215-270), ennesimo ex pagàno convertito che risulta famoso soprattutto per esser stato il primo cristiano a testimoniare un'apparizione mariana, ma soprattutto per le sue doti miracolistiche: si narra, infatti, che fosse riuscito a fermare lo straripamento di un fiume piantando un bastone in terra e a spostare un macigno per permettere l'edificazione di una chiesa. Pare comunque ben più certo che fosse stato anch'egli molto più abile nell'operare il miracolo della santa latitanza per sfuggire alle persecuzioni.

Molt meno sappiamo in merito ad Apollonio di Efeso (fl 220), acerrimo avversario dell'eresia montanista: Geronimo, che lo definisce "eloquentissimo", afferma anche che, per confutarlo, Tertulliano gli dedicò addirittura una parte di una sua opera, oggi perduta. Da parte sua, Eusebio e Clemente Alessandrino ne citano degli strani frammenti nei quali egli affermava d'aver saputo che Gesù risorto avesse ordinato agli apostoli di rimanere per dodici anni in patria prima d'andare a predicare ai Gentili!

*

Nativo di una zona tra Algeria e Tunisia fu *Arnobio da Sicca*, fiorito nel pieno dell'epoca dioclezianea. Secondo Geronimo, al quale dobbiamo le scarne notizie biografiche in merito, si trattava di un ex retore anticristiano che aveva lasciato il paganesimo a seguito di un sogno; cosa strana, considerato che Arnobio stesso scriverà anche contro le premonizioni nel sonno!

A dire il vero, egli appare ancora visibilmente e pesantemente influenzato dallo gnosticismo [1] e dal vizio d'indire banali paragoni con la paganità, al punto che appare difficile inquadrare quale sia veramente la sua ideologia di base. In effetti, nell'unica sua opera pervenutaci, l'*Ad Nationes*, egli si scagliò un po' contro tutto e tutti con un accanimento pari solo a quello del miglior Tertulliano; quel che è certo è che talora la sua lettura abbia uno stile abbastanza confuso (ce lo conferma Geronimo) ma risulti comunque assai divertente, come possiamo vedere in un suo famoso passaggio che riassume tutta l'essenza del personaggio:

---

[1] È famoso per aver affermato che l'anima umana non fosse creazione di Dio, ma di un "essere intermedio" (2.14-62).

Voi pagani ci chiedete chi siano i veri dèi: in verità, noi cristiani non lo sappiamo. Come possiamo aver certezza di ciò che non abbiamo mai visto?

VII. L'epoca costantiniana

Lucio Cecilio Lattanzio (240-320), discepolo di Arnobio, fu anch'egli nordafricano ed ex pagàno [1]. Di lui sappiamo soltanto che una prima volta si convertì al cristianesimo e poi lo abiurò onde evitare l'ira di Diocleziano: ma non appena Costantino gli propose di diventare il precettore di suo figlio Crispo per via delle sue "eccelse" doti oratorie [2], il valoroso santo, che fino a quel momento aveva vissuto in grave indigenza (è Eusebio a dircelo), accettò tòsto l'incarico, ritornando seduta stante un convinto *advocatus Christi*! Le sue lezioni di buonsenso, però, non dovettero aver giovato granché né al mecenate né al pupillo, che di lì a poco sarà ucciso proprio dall'augusto padre insieme

---

[1] O forse d'origine italiana.
[2] A cui motivo è anche noto nientemeno che come il "Cicerone cristiano".

alla madre, dietro istigazione della santa nonna Elena. Frattanto, il dotto e saggio retore scriverà le *Divine Istituzioni*, primo radicale tentativo di silenziare gli oppositori: un compito ingrato, dire, dal momento che in essa egli continuerà la tradizione di sciorinare la Sibilla, Hermes, Apollo e tanti altri personaggi pagani, mettendo loro in bocca delle grottesche profezie su Gesù. Non meno notabile è il *Sulle morti dei persecutori*, dove Lattanzio fa ampio sfoggio di crudeli quanto esagerate scenografie per descrivere la morte di predecessori e avversari di Costantino, unico "unto del Signore" e legittimo duce della Cristianità!

Stessa cosa farà (ma molto molto più decisamente!) il suo contemporaneo *Eusebio "Panfilo" di Cesarea*, che stranamente pare non aver mai interagito con lui, pur avendo frequentato la stessa corte e avendo descritto cose quasi simili: il quasi ci sta tutto ed anzi è restrittivo, dal momento che talora si tratta di casi antitetici. Ad esempio, secondo Lattanzio la famosa visione della croce di Costantino fu una visione nel sonno, mentre per Eusebio essa avvenne in pieno giorno sul Ponte Milvio: non sappiamo dire chi dei due abbia ecceduto di fantasia, ma certo è che simili simbolismi pare costituissero una sorta di stereotipo abbastanza abusato, a giudicare dal fatto che in una lettera falsamente attribuita a *Cirillo di Gerusalemme* si parlava di un evento similare, che secondo l'autore profetizzava la futura vittoria di Costanzo II su Magnenzio nella battaglia di Mursa Maggiore.

Certo è che alcuni colleghi rimproverarono al Cesarita inesattezze e abusi; ad esempio, *Eustazio d'Antiochia* affermò che avesse tentato di manipolare il Credo niceno secondo punti di vista ariani [1], mentre *Socrate Scolastico* osservò che fosse votato più a intessere panegirici anziché a riferire la verità storica. In effetti, probabilmente non stavano eccedendo: lascerei al lettore la libertà di valutare il candore di Eusebio nell'aver riportato con grottesca minuziosità la ridicolissima favola di Abgar V, nell'aver preteso che esistessero ritratti di Gesù eseguiti addirittura dagli apostoli, nel narrare di martiri trovati ancora vivi dentro le pance delle belve e soprattutto nell'essersi nascosto per scampare alle persecuzioni dopo aver rinfacciato a pa-

---

[1] D'altronde, a proposito, l'opera per cui egli risulta più famoso, l'*Historia Ecclesiastica*, fu dedicata all'amico Paolino da Tiro, vescovo ariano di Antiochia.

recchi colleghi d'aver fatto altrettanto per sfuggire al martirio! La cosa non dovette esser passata inosservata ai più, se è vero che, durante il *Concilio di Tiro* (335), un collega che aveva perso un occhio per la fede gli chiese in che modo fosse sempre riuscito a scamparla sia in prigione che in libertà.

Eusebio è noto anche e soprattutto per la sua etica non certo impeccabile anche in ambito umano e professionale, a cui motivo Fozio lo definì "deficiente quanto a fermezza di carattere e accuratezza dottrinaria"! In effetti, da un lato Eusebio condannò l'arianesimo e dall'altro fu denunciato d'averlo supportato, allo stesso modo in cui egli fece nel caso di Origene, la cui trasmissione è dovuta anche al suo lavoro in tandem con il maestro Panfilo, (dal quale prese il nomignolo). Famosa fu, nel contesto del tradimento di amici e colleghi, la *querelle* che egli ebbe con il già citato Eustazio, che nel 330-331 pagherà caramente l'aver osato opporsi al potente *protégé* di Costantino. Eustazio fu accusato d'adulterio e morì in esilio, talché le sue ossa poterono riposare in patria soltanto cento anni dopo, grazie all'interesse di Calandio: che a sua volta sarà esiliato nel deserto africano dall'imperatore

Zenone dietro istigazione di *Acacio di Costantinopoli*, che pur era stato il suo fervido *sponsor*.

Il legame d'amicizia e collaborazione che il vescovo di Cesarea ebbe con Costantino era quantomeno speciale, degno di stare alla pari con quello tra Damaso e Geronimo: prova ne sia il fatto che, per ordine di Costantino, egli fu incaricato di compilare cinquanta copie della Bibbia che avrebbero dovuto diventare quelle ufficiali dell'impero, scegliendone i testi canonici a suo completo arbitrio. Finché i cattolici non esagerarono con la persecuzione degli ariani, l'imperatore si mostrò ligio all'impegno preso con l'Editto di Milano: quando la misura fu colma, egli iniziò a mutare registro e inaugurare parimenti una serie di alternanze ideologiche destinate a succedersi nel corso di ben quattro secoli, coinvolgendo alfine anche i suoi diretti discendenti e i fedeli cortigiani ecclesiastici, incluso proprio Eusebio.

Quest'ultimo è noto anche per aver sgambettato alcuni esponenti di spicco del cattolicesimo anti-ariano: primo tra i quali l'alessandrino *Atanasio* (293-373), che nell'arco di regno da Costantino a Valente pagò a più riprese il parteggiare per le fazioni sbagliate, subendo l'esilio per ben quattro volte [1]. Atanasio costituisce una vera e propria pietra miliare per il cattolicesimo post-niceno; al punto che, senza considerare gli accadimenti della sua vita (un vero e proprio romanzo d'avventure, direi), non sarebbe possibile comprendere persino lo svolgimento globale degli eventi del tempo, che costituiscono appunto il periodo di svincolo d'affermazione della "religione recente".

Atanasio rimane famoso per aver proposto un primo disegno di canone biblico post-origeniano, per il suo Credo (che comunque non è direttamente attribuibile a lui) ma soprattutto per l'impegno profuso contro pagani ed eretici. Pur in tutta la sua innegabile tortuosità, l'atteggiamento risoluto del metropolita alessandrino farà scuola già al suo tempo, come vediamo ad esempio nel caso del contemporaneo *Ilario di Poitiers* (315-357), detto l'"Atanasio d'Occidente" per la strenua opposizione alle eresie nell'orbe europeo, a cui cagione fu esiliato da Costanzo II in Frigia per la sua resistenza al collega ariano Saturnino di Arles, che fi-

---

[1] Gli unici a essersi avvicinati al suo non certo invidiabile record furono Cirillo di Gerusalemme, Melezio d'Antiochia, Giuliano d'Eclano e Paolo di Tessalonica.

gurava tra i firmatari della condanna di Atanasio; possiamo ricordare Ilario altresì anche per aver scoperto il Simbolo niceno, per aver definito "delirante" un attonito Osio, per essersi visto attribuire una serie di lettere false a nome di Liberio e soprattutto per tutta una serie di storie amene che lo vedono protagonista di *exploit* indegni persino della Leggenda Aurea.

Atanasio e Ilario sono figli del loro turbolento tempo, dove osserviamo l'apice delle dispute teologiche, nel cui ambito il primo prenderà attivissima parte contro il teorico libico *Ario* (256-336), la cui dottrina sarà per tempo avvallata a fasi alterne dalla corte imperiale. L'arianesimo propugnava che Gesù non fosse coesistente né consustanziale al Padre: affermazione pericolosa in quanto, riconoscendo due divinità, assottigliava il discrimine tra "politeismo" e cristianesimo. Trovandocisi ancora in una fase transitoria, i nuovi fedeli potevano risultare facile preda di questa teoria, talché le fila ariane saranno per anni continuamente impinguate nonostante le costanti decurtazioni subite tra esilii e persecuzioni. Il problema incarnato dall'arianesimo risultava ponderale, dal momento che, pur essendo sorto praticamente contro il sabellianismo, ripotentificando la figura del Padre rispetto al Figlio correva il rischio di mietere vasti consensi tra le popolazioni, a scapito della più rigida e proficua visione homousiana. L'eresia sarebbe risultata doppiamente pericolosa considerato che, data la sua tipologia ideologica e l'avversione al cattolicesimo (propugnato dal sistema statale), essa era la forma di cristianesimo della maggioranza dei barbari invasori, che contribuirono sostanzialmente all'apertura della cosiddetta *Crisi del IV Secolo.*

In un primo momento gli ariani non riuscirono a prevalere sulla posizione nicena, anche perché lo stesso Costantino si prese la briga di ribadire il primato cattolico e bandire addirittura il fedele *Eusebio di Nicomedia,* quello stesso influente vescovo ariano che lo battezzerà in punto di morte e al quale si dovrà la diffusione dell'arianesimo tra i goti tramite il pupillo Ulfila. La situazione di capovolse non appena i seguaci di Ario ebbero guadagnato il favore imperiale: Atanasio stesso racconta di come già il suo predecessore Alessandro fosse stato denunciato a Costantino dagli accoliti di *Melezio d'Antiochia,* ma fortunatamente non si diede adito a procedere (molto sicuramente grazie anche all'intercessione di Osio, da lui molto ammirato).

Dopo Nicea, i cortigiani ariani capeggiati da Eusebio (che ottenne l'appoggio dei meleziani col danaro, dice Atanasio) cambiano tattica, accusando Atanasio addirittura d'aver interrotto il commercio di grano egiziano per i propri tornaconti [1]: così, successivamente al sinodo di Tiro convocato da Panfilo nel 335-6, Atanasio subisce per ordine di Costantino il suo primo esilio [2] a Treviri, dove lo accolse l'amico e collega Massimino. A rendere vieppiù buio il tutto, in questi due fatidici anni il siciliano *Giulio Firmico Materno*, astrologo di corte dalle origini oltremodo oscure, pubblica le sue grossolane invettive contro un paganesimo già ridotto al lumicino, fornendo così ulteriore spinta all'augusto protettore per completare la sua personale

---

[1] Il principale accusatore fu Patrofilo di Scitopoli, uno dei più accesi supporter di Ario.

[2] Atanasio tentò d'addolcirsi la cosa dicendo che l'imperatore l'avesse allontanato per evitargli guai peggiori coi suoi avversari. Tolte le accuse strumentali, non è nemmeno improbabile che la vera causa dell'atteggiamento della curia e della corte nei suoi confronti fosse dovuto al fatto che egli aveva rifiutato l'ordine di *Eusebio di Nicomedia* di riammettere Ario alla comunione, così com'era stato ordinato tempo prima ad Alessandro di Costantinopoli.

distruzione del passato.

Durante l'ennesimo capovolgimento di fronte, i cattolici tornano in auge e riescono a ottenere da Ario un giuramento di fedeltà al credo niceno, che l'eretico non poté comunque prestare: guarda caso, proprio il giorno della firma, Ario morì in maniera tanto sospetta quanto terrificante, tale da non aver nulla da invidiare al modo in cui spirarono Erode, Giuda e parecchi altri cattivi del *framing* favolistico giudaico-cristiano. Il Wace (grande rivalutatore di Atanasio) affermava candidamente che si fosse trattato di un "rimarchevole caso d'intervento divino", mentre gli "empi ariani" (e sicuramente storici laici e più smaliziati...) propenderono per la somministrazione di qualche mistura venefica che sciolse letteralmente le viscere di Ario. Teodoreto ebbe persino il coraggio di scrivere che la morte fu dovuta alle preghiere di Giacomo di Nisibi; fortunatamente per lui, un esame più approfondito del passo della *Storia* in cui ne parlava lo ha salvato da ulteriori imbarazzi, essendo oramai giudizio unanime che si tratti d'una falsificazione.

Lo strapotere della curia ariana rimase comunque grande e si farà risentire nel 341, all'epoca del Concilio d'Antiochia e dell'infuriare delle persecuzioni di Costanzo II contro i pagani: il cui riverbero continuerà nel 361, quando Giuliano venne associato al soglio imperiale da Costanzo. In quei fatidici anni persino il venerabile Osio, pur avendo ripercosso ampia influenza su Costantino, aveva iniziato ad attirarsi strali dalla corte ariana, per aver abbracciato il credo eretico sirmiano: così, dopo essere sfuggito a malapena alle persecuzioni del pagàno Massimiano, alfine il buon vescovo centenario non riuscì a scampare alla condanna comminatagli dallo spietato imperatore cristiano intorno al 355 [1].

Proprio nell'anno della morte di Ario [2], Costanzo sostituisce sul seggio costantinopolitano *Eusebio di Nicomedia* al cattolico *Paolo di Tessalonica*, amico di Atanasio, causando così una rivolta: i fedeli cattolici reinstaurano dunque il vescovo esiliato e giustiziano il generale Ermogene, provocando così la reazione del-

---

[1] L'accusa verteva su appropriazione indebita, ma più probabilmente si trattava di un'accusa fittizia (quanto ridicola, constatata la tarda età e la specchiata virtù di Osio): è più plausibile che ci si volesse vendicare del fatto che egli si fosse opposto all'ingerenza imperiale negli affari della Chiesa.
[2] Secondo altri, nel 340.

l'imperatore, che punisce i ribelli privandoli dell'approvvigionamento di grano ed esiliando ugualmente Paolo, che subirà altri due allontanamenti quasi in sincronia con Atanasio. Frattanto, i nemici di quest'ultimo offrono il seggio a un pupillo di Panfilo, *Eusebio di Emesa* [1], che però rifiuta accortamente; indi tentano d'insediare *Gregorio di Cappadocia*, che subito riesce inviso alla gente. Al contempo, Costante e Costanzo cercano di rappacificare le due fazioni indicendo un concilio a Sardica, risoltosi ridicolmente in un reciproco lancio di anatemi. Tredici anni dopo, gli ariani cercano di far firmare al povero papa Liberio l'ennesima condanna a carico di Atanasio e, poiché il pontefice s'era rifiutato d'ottemperare, essi ne ottennero l'esilio e la sostituzione con Felice II. Il caso beffardo vuole che durante questo lasso di tempo sarebbe stata prodotta la malaccorta leggenda di *Eusebio di Roma*, oscuro martire fittiziamente incaricato di simboleggiare la condanna cattolica contro il papa esiliato: al contempo veniva vergata la leggenda di un tal Eusebio di Samosata, che incarnava la disapprovazione contro

---

[1] Famoso soprattutto per essere stato astrologo alla corte di Costanzo II.

l'arianizzante Costanzo.

Nel 356, mentre gli alamanni battono Giuliano, approfittando dell'assenza forzata di Atanasio i nemici riescono alfine ad insediare un loro esponente: *Giorgio di Cappadocia* [1]. Costui era un avventuriero che, sulla scia delle prime invenzioni di Eusebio da Cesarea, fornirà ai favolieri ariani lo spunto per le imprese di "san" Giorgio, al quale il povero Atanasio sarà contrapposto sotto le spoglie di un omonimo mago pagàno, che nella *fiction* didascalica viene martirizzato dopo esser stato convertito al cristianesimo [2]! Quanto al vero Giorgio *storico*, egli morrà linciato sul serio per mano della folla esasperata dalle sue angherie probabilmente con la complicità delle fazioni filo-atanasiane e addirittura pagane! In quello stesso anno, nel caos generale, i ribelli dissotterrano e dissacrano i resti del maestro di Eusebio di Emesa, *Patrofilo di Scitopoli*, altro acerrimo nemico di Atanasio.

Questi sono anche gli anni della fortuna di *Aezio d'Antiochia* detto "l'Ateo", un altro avventuriero che,

---

[1] Biografo di Eusebio di Emesa.
[2] Le imprese di Giorgio di Cappadocia sono state denunziate come apocrife sin dal V secolo.

partito da una miserrima condizione, diviene campione dell'arianesimo e diacono di Giorgio [1]. Aezio si trovò al centro di dispute persino contro altri ariani di confessione meno integralista, come *Basilio d'Ancira* [2], che invano tentò di farlo condannare a morte, perché il cesare Costanzo Gallo commuterà la pena capitale nell'esilio dietro consiglio di Leonzio; quanto a Basilio, a sua volta verrà esiliato dopoché il controverso e violento sovrano avrà abbracciato la formula di Acacio, a cui cagione sarà poi giustiziato dal cugino Costanzo II, già protettore di Giorgio. Non molto tempo dopo, a causa dello scisma di cui fu responsabile, di Acacio di Costantinopoli verrà cancellato persino il ricordo: promotore dell'iniziativa fu papa Gelasio, che per tutta risposta si vide affibbiare da qualche buontempone un canone in cui si listavano i testi sacri ritenuti validi o meno (il cd. *Decreto Gelasiano*).

Nel periodo dei furiosi scontri tra Acacio di Cesa-

---

[1] Praticamente sua fu la responsabilità della convocazione del secondo concilio di Costantinopoli.

[2] Quasi certa fonte storica del leggendario san Basilio, presunto martire di Giuliano l'Apostata.

rea [1] e *Cirillo di Gerusalemme* [2] la situazione diventa vieppiù grave: costretto ancora una volta a fuggire, Atanasio trova rifugio per ben sei anni tra le comunità eremitiche del deserto, né si sogna minimamente di tornare in città, pensando che i tempi non fossero ancora maturi [3]. Nelle solitudini di quei luoghi inospitali, egli aveva avuto comunque modo d'apprezzare la rigorosa condotta di vita dei suoi spartani ospiti, contrapponendole la licenziosità dei colleghi curiali [4]; sempre durante questo periodo egli scrive la famosa biografia di Antonio d'Egitto, nella quale narrerà in che modo quest'ultimo sotterrò il collega Paolo di Tebe con l'aiuto di due leoni che scavarono la fossa! La cosa più preoccupante è che, nel tramandarci queste

---

[1] Detto "il Guercio", successore e biografo di Eusebio Panfilo, del quale scrisse la perduta biografia; Atanasio lo definì un bieco opportunista.

[2] Pupillo di Atanasio: fu esiliato in un concilio appositamente indetto nel 358, con l'accusa paradossale d'aver venduto i beni della Chiesa per sfamare i poveri!

[3] Gli ariani lo accusarono d'essersi salvato la vita fuggendo nel deserto; Atanasio scrisse un'apposita lettera per giustificare i fatti.

[4] Malgrado l'idillio, Atanasio era stato costretto ad ammettere che esistevano pure monaci "padri di figli", forse in riferimento a unioni illegittime ovvero a figli legittimi avuti dopo l'ordinatura: prima dei provvedimenti che imponevano il celibato obbligatorio (Gregorio VII), nonostante i divieti già sanciti nei concilî di Elvira (?305) e Cartagine (390) non sarà cosa infrequente che i religiosi avessero donne e figli.

amenità, non si sia distaccato poi tanto da quanto ne scriverà Geronimo qualche anno dopo [1].

Atanasio potrà tornare alla sede soltanto grazie al beneplacito di Giuliano l'Apostata, che però lo costrinse a fuggire ancora una volta per motivi di proselitismo; seguì per lui un breve periodo di tregua, interrotto ancora una volta dall'ascesa al trono di Valente, nella quale occasione fu costretto a nascondersi per oltre quattro mesi dentro la tomba del proprio padre. Dopo questi episodi, a partire dal 366 l'Alessandrino vide calmarsi le acque, finalmente e gradualmente: la cosa più singolare, volendo, è che pur dopo tutti questi anni di peregrinazioni e peripezie egli morì tranquillamente nel proprio letto, senza aver potuto minimamente prevedere che, di lì a poco, gli ariani sarebbero riusciti a scalzare il suo successore per insediare un loro uomo.

---

[1] Secondo Geronimo, Paolo di Tebe visse da fuggiasco nel deserto durante le persecuzioni deciane, nutrendosi delle fronde di una palma: successivamente, Dio, forse memore del favore fatto al profeta Elia, volle premiarlo inviandogli giornalmente un corvo che gli recapitava mezza pagnotta!

*

Nello stesso lasso di tempo agiscono i *tre Padri cappadoci*: *Basilio "Magno"* di Cesarea (330-380), il fratello *Gregorio da Nissa* e l'amico *Gregorio Nazianzeno*, detto *"il Teologo"*, capisaldi del periodo conciliare costantinopolitano e capifila della lotta contro le eresie deutero-monarchianiste. A loro dobbiamo, inoltre, il salvataggio delle *Filocalia* di Origene (da loro grandemente ammirato, nonostante fosse ritenuto da gran tempo eretico da tutta la Cattolicità), che altrimenti sarebbero andate perdute.

I due fratelli sono "figli d'arte": furono avviati al cristianesimo dalla sorella Macrina, che s'era votata a Dio dopoché ebbe perduto tragicamente il fidanzato, ma gran parte della loro ricca e numerosissima famiglia era già dedita alla religione. Questa strana passione traeva mosse dal capofamiglia, *Basilio il Vecchio* (un retore convertito dalla propria madre, pare) e dalla moglie Emmelia. Il primogenito, Basilio, ebbe come riferimento spirituale il famoso cenobita egiziano Pacomio e l'altro fratello Naucrazio, anch'egli monaco; la vita anacoretica sarà per Basilio fonte di grande ispirazione, ma anche la concausa di tutti quei malanni che gli costeranno la vita [1]. A sua volta, Basilio fu una sorta di mentore per il fratello Gregorio, che praticamente sarà un mero ripetitore delle sue tesi, mancandogli la grinta e la cultura necessarie per brillare di luce propria; il Nisseno ebbe, infatti, una breve crisi che lo fece quasi tornare alla laicità, se non fosse stato per il rimprovero ricevutone da Gregorio Nazianzeno, che lo ebbe sempre in grande affetto nonostante fosse scarsamente ricambiato. Dei due fratelli il primo è anche colui il quale strinse un rapporto più diretto col Nazianzeno, che gli era legato anche da un excursus vocazionale assai simile: a ordinarlo prete fu il padre, *Gregorio il Vecchio*, ricco possidente convertito dall'*ipsistarismo* ad opera della moglie, come spesso accadeva e accadrà per gran tempo nei primi secoli del cristianesimo. Anche nella sua famiglia vi furono altri santi, come la sorella Gorgonia, da lui celebrata quale esempio di pura cristianità per quanto riguarda il sesso femminile.

---

[1] Durante i due anni di ritiro monastico nel Ponto, prese l'abitudine di dormire per terra con un unico e solo vestito fatto di peli, senza mai lavarsi: il fedele amico lo descrisse come "senza una moglie, senza proprietà, senza carne e quasi senza sangue".

Gregorio e Basilio si erano conosciuti mentre studiavano ad Atene presso i sofisti pagani Imerio e Proeresio, maestri di Giuliano l'Apostata ed Eunapio nonché feroci fustigatori del cristianesimo: soprattutto Giuliano non aveva lasciato dei bei ricordi in Gregorio, che si lasciò andare in una smodata invettiva contro di lui alla sua morte, avvenuta presumibilmente per mano cristiana e forse apertamente connessa addirittura a Basilio stesso [1]. Entrambi recheranno sicuramente i segni interiori di questo periodo formativo persino nell'esercizio della loro fede: sull'esempio del loro comune maestro *Gregorio Taumaturgo* [2], Basilio era solito consigliare senza rossore ai giovani di non abbandonare lo studio dei classici pagani [3], spendendo parole di lode persino per l'ateo Prodico e l'imbarazzante Socrate.

Da questo incontro nacque un "amore a prima vista" che sarebbe durato a lungo, qualora Basilio non

---

[1] Così sussurrava lo storico monofisita bizantino Giovanni Malala, generalmente poco preciso, ma in questo caso indirettamente supportato dal predecessore Sozomene, dall'attendibilità sicuramente meno tremolante.

[2] Discepolo di Origene, dal quale aveva appreso a studiare gli autori dell'antichità pagana, "eccetto quelli atei".

[3] Vedasi *Invito ai giovani sul corretto uso della letteratura greca* 3-4ss.

avesse concepito l'amicizia secondo una prospettiva utilitarista. In verità, generalmente parlando, Gregorio non ebbe molta fortuna per quanto riguarda le amicizie, forse per via di un qualche suo eccesso di candore o remissività caratteriale: dopo aver contribuito alla sistemazione definitiva del dogma trinitario (pur essendo stato lui stesso in odor d'eresia [1]), finirà addirittura per essere deposto dal seggio bizantino, dov'era stato installato dal semi-ariano Melezio d'Antiochia, da parte di cospiratori guidati da un altro suo "caro" amico, Massimo di Costantinopoli, acconciamente detto "*il Cinico*" e già grandemente osannato da Atanasio per il suo "esemplare attaccamento all'ortodossia"! Basilio stesso approfittò parecchio dell'amicizia di Gregorio sin dal tempo in cui questi s'era ribellato persino al proprio padre, pur di seguire l'altro nelle solitudini del deserto; ma soprattutto l'aveva aiutato a superare lo scoglio costituito dall'invidia nutrita da *Eusebio di Cappadocia* nei suoi confronti, senza il quale aiuto la storia di Basilio sarebbe stata sicura-

---

[1] Si dibatte ancora sul fatto che, al pari del suo omonimo nisseno, supportasse la teoria stoica dell'*apocatastasi*, tipicamente origenista.

mente ben altra. Per tutta risposta, nel 371-2 quest'ultimo gli ricambiò i favori costringendolo ad accettare un vescovato in una zona spopolata: al che Gregorio finalmente sbottò d'esser stufo di fungere da pedina per soddisfare i suoi interessi. C'è da giurare che la lamentela non fosse gratuita, considerato che Basilio si fosse già prodotto in atteggiamenti analoghi persino nei confronti del proprio fratello [1] appunto nel medesimo anno in cui fu ordinato il Nazianzeno: investitura che sarà all'origine dei problemi incontrati dal Nisseno stesso per mano ariana. Medesima cosa potrebbe essersi verificata anche nel caso di *Anfilochio* e di due eretici: il nestoriano *Diodoro di Tarso*, che Basilio aveva imposto come vescovo della metropoli cilicia, e il già citato Melezio d'Antiochia, eretto a baluardo contro l'imperatore Valente e che fu concausa della definitiva rottura col Nazianzeno. Non per voler malignare, ma sarei più propenso a ritenere l'inveterato atteggiamento di Basilio una sorta di *feedback* dello scherzo giocatogli in gioventù dall'amico Crisostomo,

---

[1] Fu installato da Basilio nel vescovato di Nissa per fungere da supporto strategico nei suoi confronti.

che riuscì a farlo ordinare vescovo controvoglia usando delle menzogne; la cosa più gustosa, se vogliamo, è che Crisostomo si vanterà della bella azione in un celebre passo del *De Sacerdotio*, dove difenderà la "bugia a buon fine" (1.3).

VIII. Da Crisostomo a Epifanio

Dio si fece uomo acché l'uomo diventasse Dio.

Atanasio

L'antiocheno *Giovanni Crisostomo* è sicuramente il Padre della Chiesa teologicamente più prolifico del III secolo e forse di ogni tempo, sia in quantità che soprattutto in qualità. Indubbiamente, a dirla con papa Pecci, egli fu un dotto e fine oratore dotato di "grande perizia di dottrina e somma eloquenza": caratteri che gli fecero guadagnare il nomignolo con cui è noto, sebbene fossero stati affinati comunque presso retori pagani anche nel suo caso. Prima d'accorrere alla cattedra di *Diodoro di Tarso*, insieme a Basilio Magno, ad Anfilochio e al proto-pelagiano *Teodoro di Mopsuestia* egli aveva atteso alle lezioni del retore pagàno Libanio, più noto per esser stato tra i maestri di Giuliano l'Apostata; successivamente si accodò anche all'accademia di Epifanio di Petra, noto soprattutto per aver influenzato il "ritorno di fiamma" a nostalgie pagane da parte di Apollinare d'Alessandria, poi scomunicato dall'ariano Teodoto di Laodicea per aver recitato un carme a Bacco [1].

Libanio era rimasto talmente entusiasta di Giovanni da aver confessato in punto di morte che l'avrebbe sicuramente designato suo successore, "qualora i cristiani non ce l'avessero rubato"; il grande retore non avrebbe mai potuto immaginare che siffatto "sequestro" ne avrebbe comportato anche la trasformazione in uno di quei gravi distruttori della paganità che, nelle sue orazioni, riecheggiando Eunapio, egli denunziava a Teodosio come predoni "vestiti di nero, che mangiano più di un elefante".

Tolta la sua attività omelitica e teologico-didascalica, la figura di Crisostomo è senz'altro legata a doppio filo a quella del suo più strenuo avversario: *Teofilo d'Alessandria* (ca. 350-410), più o meno degno successore di Atanasio. Il carattere e la politica di questo bel tomo possono essere ben illustrati schematicamente, ad esempio, dalla spietata distruzione di diversi

---

[1] Suo figlio, l'omonimo vescovo di Laodicea, fu iniziatore dell'eresia apollinarista, combattuta da Epifanio, Atanasio e i tre cappadoci.

templi della metropoli egiziana [1], dal modo in cui cercò di liberarsi dell'elemosiniere Isidoro accusandolo trivialmente di sodomia [2], oppure dal pugno in piena faccia regalato al povero monaco origenista Ammonio, reo d'avergli chiesto semplicemente il motivo per cui avesse perseguitato Isidoro fin nei loro luoghi di ritiro [3]. Ammonio era uno dei cosiddetti *alti fratelli*, quattro monaci di Nitria che, dietro insistenza di Teofilo stesso, tempo prima erano stati costretti a tornare in città: sennonché, stanchi della corruzione e del frastuono della vita cittadina, ma soprattutto della rapacità e della tirannia del loro tristo protettore, essi tornarono al loro amato eremo, suscitando così le ire del difficile metropolita (anche perché i quattro conoscevano parecchi segreti del suo operato...).

Questi eventi furono alla base delle tenzoni teologiche dialetticamente ponderali e di vasta risonanza che

---

[1] A lui dobbiamo anche la beffarda demolizione del *Serapeum*, già duramente provato dalle incursioni di Artemio, tirapiedi di Giorgio di Cappadocia, nel 360.

[2] Teofilo pagò un giovane per testimoniare il falso contro Isidoro, che perciò fu costretto a cercare rifugio dai monaci di Nitria.

[3] Successivamente, Teofilo corruppe alcuni monaci per farli testimoniare contro i fratelli nitriani e condurli così dinnanzi al prefetto.

intercorreranno tra Teofilo e Crisostomo; lo scontro fu avallato dalla richiesta d'aiuto che alcuni origenisti e il monaco semi-pelagianista nitriano *Giovanni Cassiano* (360-435), discepolo di *Evagrio Pontico* [1], inoltrarono a Crisostomo in risposta alle persecuzioni di Teofilo che, di lì a poco, porteranno alla distruzione armata degli eremi nitriani da parte del vescovo alessandrino, inaugurando così la cosiddetta *prima crisi origenista* [2]. Volendo, il dettaglio più sfizioso in tutta la vicenda è che, fino al periodo in cui ebbe litigato con Isidoro, Teofilo era stato *filo-origenista*, al punto da aver addirittura rimproverato Geronimo per aver ospitato un tal vescovo di nome Paolo, reo d'aver criticato Origene. La mutazione di prospettiva teologica avvenne molto sicuramente intorno al 399, quando il coraggioso metropolita vide invadersi la diocesi da una torma di scalmanati antropomorfisti scetiani istigati dal monaco Serapione, che lo costrinsero ad abiurare le offese fatte a loro in una pubblica lettera pasquale, pena la morte; da allora, questi monaci diver-

---

[1] Diacono di Gregorio da Nissa e buon amico di Teofilo.
[2] La seconda sarà nel 514.

ranno i più fidati esecutori delle scelleratezze che Teofilo riuscirà a concepire durante gli anni del suo patriarcato, non ultime le succitate spedizioni contro i colleghi nitriani per l'appunto [1].

I monaci erano adeguati a simili exploit: avvezzi a penitenze e privazioni consumate in luoghi riarsi e solitari, essi avevano sviluppato un eccesso di zelo che travalicava dalla carità. Un famoso monaco scetiano di quel periodo, Poimene, è noto per aver abbandonato la madre ed essersi rifiutato d'andare a trovarla quando ella desiderava rivederlo, a tal punto la solitudine aveva distrutto in lui "ogni sentimento umano", dice il Wace; il monaco Isacco di Kalamon racconta addirittura che, per via delle forti penitenze e privazioni, il corpo dell'eremita Misael fosse diventato "duro come un legno secco" e le sua mani "affusolate come il fusto di una palma"! Certe caratteristiche erano proprie non soltanto ai monaci egiziani, che pur erano considerati i più selvatici di tutti: i colleghi siriani e palestinesi si distinguevano per pratiche penitenziali non me-

---

[1] Nitra e Sceti, a circa quaranta kilometri di distanza, erano sinonimo della medesima area eremitica; per comodità di sintesi, ho designato come "nitriani" gli origenisti e come "scetiani" gli antropomorfisti.

no pesanti (si pensi agli *stilìti*) e per una non meno frequente indulgenza nella violenza. Ad esempio, al tempo dello scisma meleziano e non lontano dagli eventi testè illustrati, il povero Geronimo sarà assalito da un manipolo di esagitati anacoreti siriani che quasi lo malmenarono per farlo aderire alla cosiddetta dottrina delle tre ipostasi, di sapore deutero-origenista.

L'importanza delle mutue posizioni gerarchiche concorse a complicare lo sviluppo strategico dello scontro tra Teofilo e Crisostomo. I due si conoscevano già da tempo: addirittura, il primo aveva suo malgrado ordinato vescovo il secondo, standogli vicino al tempo della disputa capuense tra Evagrio e il maestro Flaviano d'Antiochia (che a sua volta l'aveva fatto prete!). Dubbio è comunque che Crisostomo poté aver scalato velocemente il *cursus honorum* ecclesiastico solamente grazie alle sue fini doti oratorie e all'appoggio di questo o quel collega, piuttosto che a una personalità ben compatibile con quella di Teofilo: episodi come la beffa irridente giocata ai danni di Basilio potrebbero soltanto arricchire di statistica aneddotica la sua biografia. Il suo stesso aspetto tradiva un carattere difficile e controverso: brevilineo, malridotto dai digiuni, col viso "simile a un ragno" (così egli stesso si auto-definiva), Crisostomo condivideva i tratti del profeta esaltato e del sofista sin troppo abile, quindi prono già in vita a ricevere su di sé tutti gli eccessi della più tipica agiografia. Secondo *Giorgio d'Alessandria* [1] egli fu persino autore di parecchi miracoli, che evidentemente non riuscì a ripetere quando si trattò di salvarsi dalle accuse dei colleghi: gli atti del Sinodo della Quercia (403), dove fu condannato anche il fido Eraclide di Efeso [2], lo inchiodavano per un cumulo di reati che includevano violenza reiterata verso i sottoposti, percosse a un collega, rivendita dei marmi destinati a una chiesa, peculato, circonvenzione, malversazione e una ventina d'altri capi d'accusa, a cui cagione – dice Fozio – gli fu comminato "inumano e ingiusto esilio"! In parole povere, egli pagò caramente l'essersi scagliato contro colleghi colpevoli d'aspirare al potere anziché alla cura pastorale.

Palladio, Scolastico e Sozomene scrivono che, pur non essendo egli stesso un angelo, Crisostomo denun-

---

[1] Un vescovo del VII secolo ignoto alla maggioranza dei colleghi.
[2] Con l'accusa di origenismo, mossagli contro dall'apologista Macario di Magnesia.

ciò seriamente lo stato d'incipiente decadenza della Chiesa in generale, sia a livello di gerarchie che di gregge: rese più "spartane" le abitazioni del clero, donandone gli arredi preziosi ai poveri; depose alcuni prelati implicati in omicidi, grassazioni e adulterii; ma soprattutto impedì la frequentazione tra donne e preti, che solitamente sfociavano nella fornicazione. Questo atteggiamento così rigido non avrebbe mai potuto rientrare nei termini d'accettabilità di un clero sempre più corrotto e corruttore, né di una corte imperiale effettivamente rappresentata da una discutibilissima donna, *Elia Eudossia*, anziché dal debole marito Arcadio. Così, dopo lunghe dispute, grazie al tradimento del suo diacono nonché alle pressioni di Eudossia e delle sue cortigiane [1], la coalizione guidata da Teofilo – tra i quali spiccavano altri grossi calibri come Arsacio [2], Geronzio, Attico e il potente Acacio di Berea – ebbe finalmente ragione dello scomodo avversario, procedendo a impossessarsi del suo seggio. A nulla

---

[1] Tra le quali tre vedove in particolare, che Crisostomo accusò di scialacquare in vanità e fornicazione i danari già di per sé guadagnati illecitamente dai defunti mariti!

[2] "Un lupo vestito da agnello", secondo Crisostomo.

valse il generoso supporto ricevuto dall'amico Gaudenzio da Brescia, discepolo di Ambrogio; inutile fu persino la ronda che i suoi fedeli tennero attorno a casa sua, pronti alla ressa ad un suo cenno. Imbaldanzito dal *backup* ottenuto da Eudossia, Teofilo fece così il suo ingresso trionfale in città, iniziando a epurarla da vecchi e nuovi nemici; soltanto un forte terremoto accorso quella stessa notte addolcì temporaneamente la pena a Crisostomo, convincendo la superstiziosa imperatrice a chiedere al marito di revocare la condanna. Nel giro di poche ore, l'Alessandrino vide dunque capovolgersi le attese, finendo addirittura costretto a fuggire nottetempo onde evitare che la folla infuriata lo buttasse in mare!

Comunque sia, egli giocò a buon mercato il ruolo di vittima: parrebbe più probabile (sebbene non del tutto certo) che, qualora volessimo davvero spaccare il capello nel soppesare le responsabilità, il suo modo di fare ipocritamente puritano gli avesse attirato piuttosto le ire di potenti molto più in alto dei vescovi. L'*affaire* di Eudossia non fu che il primo di una lunga serie di impicci nei quali l'invadentissimo "bocca d'oro" andrà ripetutamente a cacciarsi, evidentemente incapace per natura d'esprimersi entro i limiti del lecito o di farsi meramente i fatti propri, forse per via di una sorta d'invidia nei confronti di chi poteva ambire a una vita normale e felice: a titolo indicativamente aneddotico, decenni prima Teodoreto aveva manifestato la volontà d'abbandonare la vocazione e Crisostomo gli inviò una scabra missiva con la quale lo redarguiva ad abbandonare la donna amata e riprendere la via della prelatura, quasi si trattasse di un voto fatto a lui stesso prima ancora che a Dio!

L'odio verso Eudossia andava dilà della semplice censura del santone che condanna gli eccessi: sembrava piuttosto l'astio di un misogino incapace di condonare il naturale desiderio di ben vivere di una donna. Subito dopo i fatti della Quercia, l'inesausto arcivescovo ne combinerà un'altra delle sue – stavolta con risvolti ben più seri – attaccando nuovamente Eudossia e provocando così una lunga notte di saccheggi e violenze da parte delle guarnigioni imperiali: finì che sarà costretto a fuggire ancora, mentre la propria chiesa veniva data alle fiamme forse dai suoi stessi fedeli, molti dei quali finirono torturati o uccisi dai soldati.

Imprigionato e portato finalmente in esilio temporaneo, Crisostomo riuscirà comunque a dar sfogo alla propria frustrazione di prigioniero ordinando ai fedeli la distruzione di tutti i templi maggiori di Efeso, Marna, Fenicia e Frigia, grazie anche ai finanziamenti ottenuti da altre pie matrone di cui si circondava [1], come ci racconta Teodoreto; questo suo grosso record sarà battuto soltanto dal vescovo e santo *Porfirio da Gaza*, che proprio con l'aiuto di Eudossia stessa convincerà Arcadio a concedere a Materno Cinegio un decreto speciale per abbattere otto templi pagani e bruciarne le biblioteche attigue, perché contenenti "inutili libri di magia". Indi, per sommo sollievo della corte, Crisostomo rese l'anima, ma non prima d'aver attraversato un vero e proprio calvario in stile "ignaziano" lungo la strada verso quella stessa Cucuso che era stata la tomba di Paolo di Tessalonica.

*

La spiccia politica di "pianificazione urbanistica" di questi due tipici campioni della Cristianità sarà perfezionata da *Cirillo d'Alessandria* (412-444), degno ni-

---

[1] Una delle sue accolite più fedeli, l'influentissima ereditiera costantinopolitana Olimpia, era parente di tal Procopio, amico di Nazianzeno.

pote di Teofilo. Individuo in perenne bilico tra il viscido e il collerico, costui è rimasto tristemente famoso per svariati *pogrom* contro i giudei, per la spietata persecuzione dei novaziani (che per giunta derubò di tutti i beni!) e soprattutto per aver istigato i fedeli scagnozzi parabolani al linciaggio della filosofa neoplatonista Ipazia [1]: tutte devotissime gesta che ne giustificheranno ampiamente la successiva santificazione.

Tolti questi famosi episodi, Cirillo ha degnamente continuato la tradizione dello zio soprattutto nei certami ideologici, ingaggiando a sua volta acerrime dispute contro la scuola teologica del siriano *Nestorio*, un discepolo di Diodoro di Tarso e Teodoro di Mopsuestia che propugnava il cosiddetto *difisismo*, rifiutando così la natura "deipara" di Maria (anche perché si trattava di una teoria non ben spiegata dai suoi propugnatori: "forse" perché tratta dal paganesimo...). Dopo arianesimo e donatismo, questa fu la terza e più grave eresia che afflisse il *Commonwealth* teologico cristiano; data la premessa, l'arcivescovo bizantino non

---

[1] L'azione fu condotta da un gruppo di monaci della regione nitria, precedentemente banditi da Teofilo.

avrebbe potuto evitare lo scontro con Cirillo, al quale si doveva appunto l'usanza di riferirsi a Maria come "Madre di Dio" [1], senza badare all'intrinseca assurdità della cosa né a eventuali richiami alle dee madri della paganità (egiziana *in primis*), come Nestorio stesso ebbe a denunciare. Forte dell'acceso supporto tributatogli dal substrato popolare costantinopolitano, l'archimandrita predicò noncurante la nuova dottrina, nonostante gli amici Teodoreto e Giovanni d'Antiochia gli avessero consigliato d'evitare una sfida che l'avrebbe pericolosamente contrapposto a un avversario così ostico: la decisione di non ritrattare gli comportò già mentre era in sede le prime avvisaglie di fastidi da parte di alcuni monaci legati a Cirillo, che lo minacciarono fisicamente.

Il *primo concilio efesino* (431), che avrebbe dovuto decidere sulla "vera natura" di Maria mettendo parimenti in azzardo il futuro delle scuole teologiche siriana ed egiziana, incarnò uno dei maggiori eventi di

---

[1] L'usanza sembrerebbe datare all'epoca di Origene, che secondo Scolastico ne ebbe parlato nel Commentario ai Romani, sebbene non ve ne sia traccia da quanto rimastoci; molto più placito è che la locuzione risalga ai tempi di Dioniso d'Alessandria.

caos ideologico del cristianesimo post-niceno, preludendo altresì alla divisione tra Oriente greco e Occidente latino. Tolte le eredità concettuali [1], la scelta di Efeso fu incentivata molto sicuramente dal fatto che la città lidia aveva sofferto pesanti perdite economiche dall'emergere della vicina Costantinopoli, che in pratica costituiva una *dependance* ideologica di Antiochia, ormai da tempo in fase declinante rispetto alle altre grandi sedi del Pentarcato; i retroscena della problematica vertevano, agli effetti, sul tentativo di destabilizzazione della scuola di Antiochia da parte di Teodosio con l'aiuto di Cirillo e dell'amico *Rabbula di Edessa*, ex monaco dai metodi e dalla personalità abbastanza compatibili con quelli dell'Egiziano.

Le sorti della diatriba erano già state senz'altro decise in corso d'opera, considerato che i nestoriani si videro sopraffatti numericamente: potendo disporre di maggiori mezzi economici, Cirillo giunse infatti in città in anticipo e con dovizia di alleati [2], chiudendo la

---

[1] Efeso era ritenuta la città in cui Maria morì, ed era già stata patria di un'altra dea lunare e vergine: Artemide.

[2] Tra questi figurava il famoso monaco egiziano Scenute, che farà da guardiano a Nestorio nel suo esilio; successivamente Scenute appoggerà

questione prima che il suo oppositore designato, Giovanni d'Antiochia, potesse presentarsi a dissertare avvalendosi di formulari che avrebbero certamente confutato la linea di Cirillo. A nulla valsero le invettive lanciategli da Gennadio di Costantinopoli né le vistose proteste di Elladio di Tarso; grazie ai copiosi mezzi disponibili, il virulento patriarca egiziano stravinse, aggiudicandosi successivamente persino il supporto di papa Celestino, che aveva iniziato a odiare Nestorio da quando questi aveva rifugiato dei pelagiani espulsi da Roma. Così andò che il posto sullo scranno bosforeo fu preso per quattro anni dall'ex anacoreta Massimiano, altro caro amico di Cirillo.

L'Alessandrino aveva potuto corrompere anche parecchie persone vicine alla corte di Teodosio II (inizialmente dubbioso che Nestorio potesse essere colpevole d'eresia) senza badare a spese [1], forse confidando che il danaro sarebbe tornato nelle sue tasche grazie anche alle confische dei beni dei nemici e alle razzie compiute dai monaci ai suoi ordini; ma allorquando i

Dioscoro, divenendo quindi un eretico monofisita.
  [1] Il nipote Paolo portò una di queste somme a Scolastico per aiutare Cirillo contro Nestorio.

soldi iniziarono a scarseggiare, Cirillo mise mano al tesoro della sua stessa chiesa, lasciandola talmente indebitata che il successore Dioscoro dovette intentare causa ai suoi eredi per riavere il maltolto [1]!

Pur essendo anti-nestoriano pure lui, Isidoro di Pelusio non ebbe alcuna difficoltà a denunciare l'avidità di beni mondani che Cirillo aveva dimostrato già da giovane, mentre si trovava "in cerca di Dio" proprio tra i monaci del deserto nitriano; la corruzione dell'epoca era assai vasta e Cirillo pareva incarnarla in maniera così rapace che un vescovo contemporaneo e concittadino di Isidoro, tal Eusebio, messosi a capo di una combriccola di lestofanti ed essendo entrato in contrasto con Cirillo si permise addirittura d'accusarlo di simonìa senza alcun timore di smentita!

Ad ogni modo, le sorti dell'Alessandrino non erano destinate a brillare per sempre: fatto tesoro dell'esperienza, i nestoriani non si diedero per vinti e, convocato un concilio per l'anno successivo, condannano Cirillo con l'avallo imperiale. Incapace di farsi una ragione che qualcuno avesse osato silurarlo, l'irriducibi-

---

[1] Si parla di un buco economico d'oltre *settecento kilogrammi d'oro.*

le patriarca fugge e fa attaccare il palazzo di Teodosio dal monaco Dalmazio: questo perché l'imperatore, a suo tempo dichiarato nullo il concilio efesino, aveva preso a parteggiare apertamente per suoi nemici. Ad ogni modo, alfine Nestorio e i suoi accoliti non prevalsero: anzi, a colmo del danno, la loro condanna fu firmata grazie anche al tradimento di alcuni amici come *Teodoto d'Ancira*, che comunque non si godrà il successo perché finirà esiliato a sua volta dai nestoriani nel sinodo di Tarso, l'anno successivo.

Pur tolta di mezzo la causa scatenante, la disputa continuò ugualmente, stavolta contro un avversario di pasta non dissimile da quella di Cirillo: Teodoreto di Cirro, che alfine prevalse su di lui consolidandogli addosso le antiche accuse di apollinarismo. Alla morte del virulento avversario, Teodoreto fu minacciato a sua volta di ritrattare le proprie posizioni e a schierarsi con gli anti-nestoriani; la condanna coinvolse anche l'amico Sofronio di Tella, costretto a ricusare l'eresia col ricatto di una condanna per stregoneria.

Il degno successore di Cirillo, Dioscoro, riuscirà ugualmente a ottenere l'esilio di Teodoreto, nonostante questi l'avesse elogiato in occasione del suo insediamento; per colmo della beffa, alfine il Cirrota sarà sottoposto a una condanna *post mortem* nel Costantinopolitano II (553), convocato prevalentemente per dichiararlo eretico unitamente a Iba di Edessa [1] e Teodoro di Mopsuestia.

*

Dioscoro può essere considerato l'epitome di quanto di peggio potremmo trovare in un ecclesiastico [2], essendo l'unico – a parte Cirillo stesso – degno di rivaleggiare in malavitosità con personaggi come Sergio III; i dettagli raccontati da alcune persone da lui danneggiate lasciano adito al tratteggio d'una personalità fredda e calcolatrice, aggiogata a una concezione strumentale della dottrina.

Il diacono Ischirone, amico del suo predecessore, lo accusò d'aver tentato d'ucciderlo varie volte, di ricettazione di grano, di dilapidazione di lasciti adibiti a opere di carità e di connubio carnale con donne di facili costumi; un parente di Cirillo, di nome Atanasio,

---

[1] Discepolo di Rabbula e cugino di Sofronio.
[2] "Uomo caratterizzato da passioni egualmente violente e dallo spirito altrettanto spietato di Cirillo, ma dotato di molto meno autocontrollo e capacità diplomatiche" (Wace, pg. 1314).

lo denunziò d'aver causato la morte del di lui fratello e d'aver fatto cacciare l'intera famiglia dalla loro abitazione; quasi stessa cosa dirà un tal Sofronio, al quale rubò impunemente le proprietà. Difatti, Dioscoro credeva che tutto quanto circoscritto nella sua diocesi fosse *di suo uso personale*; circolava addirittura voce che, in realtà, in quella provincia egli contasse più del potere imperiale.

La voce in merito non è da reputarsi peregrina, se consideriamo che, tolti questi fatti di "vita spicciola", l'evento per cui Dioscoro è molto più noto – il "Latrocinium" efesino, altro tipico botta e risposta alternante sullo stile del precedente concilio – lo vide in cattedra insieme a Eutiche nell'orchestrare religiosi e militari in un vero e proprio atto di terrorismo finalizzato ad attestare il *monofisismo*, inversione formale del nestorianesimo, ma pur sempre eresia. Nell'occasione, a parte la ratifica della condanna per Teodoreto si registrò anche la morte del povero Flaviano di Costantinopoli, pestato a sangue dinnanzi a una folla inerte da un manipolo di soldati e di seguaci del monaco siriano Barsuma, alleato di Dioscoro; il quale, morto Flaviano, installò subito al suo posto un suo uomo di fiducia, tal Anatolio. L'antefatto del pestaggio va ricercato molto sicuramente nell'inimicizia che Flaviano s'era attirato da parte del potente Crisafio Zumma, intrigante eunuco di corte al quale aveva rifiutato di versare congrua tangente all'atto dell'insediamento vescovile. Insieme al dignitario Nomo [1], Crisafio esercitava un ascendente sul debole Teodosio [2], un po' sulla scia del ruolo rivestito da Eutropio nei confronti di Eudossia e Arcadio; anzi, a proposito, fu proprio per sua richiesta che venne organizzato il "Latrocinium".

L'atto criminale di Dioscoro si attirò comunque e subito le ire di Leone Magno, che aveva già dei seri conti in sospeso col metropolita egiziano: l'occasione per agire gli fu data dall'uscita di scena di Crisafio e di Teodosio, nonché la concomitante ascesa al trono di Marciano, fermamente cattolico. Siamo nel fatidico 451, anno in cui Ezio batte Attila a Chalons, lasciando provvidenzialmente all'Occidente un po' di respiro

---

[1] Al concilio calcedoniano, Atanasio, parente di Cirillo, accuserà costui d'averne ridotto sul lastrico la famiglia.

[2] Secondo Giovanni Malala, ne sarebbe stato addirittura amante; stranamente direi, dacché l'imperatore aveva promulgato una legge che condannava al rogo gli omosessuali, sebbene soltanto quelli "passivi".

per dedicarsi ad altre questioni; richiamato Teodoreto e convocato un nuovo concilio a Calcedonia, il papa riesce così ad annullare la validità di quello efesino e a far condannare Dioscoro, cogliendo frattanto l'occasione per ribadire finalmente il primato del soglio romano nei confronti di qualsiasi altra diocesi.

La vittoria romana (perché praticamente tale fu) implicò anche una rivalutazione di Nestorio, che in tal modo da eretico passò praticamente a martire, sebbene nessuna condanna ufficiale fu apposta sul suo grande avversario! Nel marasma del nuovo sommovimento teologico si videro scene del più abietto servilismo: come nel caso di Eustazio di Beirut e del suo seguito, che, avendo firmato la condanna di Flaviano, ora si spacciarono per ricattati da Dioscoro e ottennero clemenza grazie a basse genuflessioni! Quanto a Dioscoro, morrà quattro anni dopo in esilio a Gangra: gli subentrerà *pro tempore* l'oscuro Proterio, che sarà barbaramente ucciso e bruciato da fanatici anti-nestoriani dopo altrettanti anni d'insediamento.

Al generale sconvolgimento di fronti che ne seguì – dice Evagrio – avvenne che gruppi di monaci gerosolimitani appartenenti alla parte sconfitta organizzarono una rivolta mettendo a ferro e fuoco la capitale giudea. Severiano di Scitopoli fu ucciso per sbaglio al posto del metropolita Giovenale, lasciando così via libera al folle monaco Teodosio, che ne prese il posto; l'intervento di Marciano riuscì comunque a calmare gli animi e a riportare lo *status quo*, facendo piazza pulita dei ribelli.

Messa finalmente fuori combattimento Alessandria e con Antiochia già defilata dalle scene teologiche da circa un secolo, si apre così la lunga epoca delle lotte per il primato teo-politico tra gli ultimi due contendenti rimasti dell'antico Pentarcato.

*

Nello stesso arco di tempo visse e agì *Epifanio*, vescovo di Salamina. D'origine giudea, ex anacoreta, fratello dell'imperatrice Onoria, egli è noto per la sua cultura tanto enciclopedica quanto non immune da frequenti errori, riconosciutigli anche dai colleghi (come ad esempio Fozio, enciclopedista di ben altra pasta); è comunque possibile dubitare che una siffatta cultura dovesse esser stata inflata oltre ogni reale merito, considerando ad esempio che il Cipriota si vantò d'aver letto "oltre seimila" opere dell'odiato Origene, che in realtà ne scrisse ben meno! Soprattutto, egli pare aver avuto una personalità sordamente risoluta, al punto da sfociare in atteggiamenti d'assai corte vedute e tali da evitargli di pensare in giusta misura sulla natura degli ordini superiori circa questioni intricate che richiedevano maggior attenzione e cautela. Persino il Wace non poté esimersi dal definirlo null'altro che "uno zelota", le cui polemiche teologiche si distinguevano "più per pio zelo che per intelligenza penetrante": lo vediamo dal suo famoso catalogo di eresie, il *Panarion*, vero e proprio *malleum hereticorum* nel quale non risparmiava nessun aspetto di dottrine non in linea col cattolicesimo, senza con ciò riuscire a evitare d'incappare in parecchie sviste e inesattezze.

Epifanio è molto meno noto per aver condotto il capitolo cipriota della persecuzione indetta da Teodosio nel 392, distruggendo i templi pagani ed eliminandone i fedeli; non contento di ciò, attaccò soprattutto i seguaci sopravvissuti di Origene, riuscendo nell'intento di catalizzare un bel seguito di collaboratori pronti a supportarlo nell'impresa. Armato di queste "creden-

ziali", il tristo vescovo di Cipro riuscì così a costringere il collega *Giovanni II di Gerusalemme* [1] a dichiarare eretiche le opere origeniane: ma si trattava, piuttosto, di un pretesto per riuscire a demotivare le proteste
di Giovanni, dovute al fatto d'esser stato scalzato proprio da Epifanio nell'aver ordinato il fratello di Geronimo, Paoliniano (che in verità non gradì assai questa
"investitura al buio"). Tali abusi comportarono la di-
scesa in campo di Teofilo (a quel tempo ancora origenista) a supporto di Giovanni, col risultato che Epifanio si vide paradossalmente accusato a sua volta d'essere addirittura in odore d'eresia antropomorfista.

La contesa innescata dall'infausto eresiologo cipriota si allargò al punto da far litigare violentemente
persino due amici per la pelle come Geronimo e *Rufino Tirannio d'Aquileia* [2] (inimicizia talmente inattesa,
che se ne dolse persino Agostino, solitamente aduso
alla cautela in caso di dispute tra conoscenti), tirati in
ballo in una *querelle* oramai uscita fuori controllo; in

---

[1] Al quale probabilmente si deve la "scoperta" delle false reliquie di Santo
Stefano.
[2] Continuatore dell'*Historia* di Eusebio, nonché tramandatore di alcune
opere origeniane e di parecchi altri scritti del passato.

realtà, nonostante il tentativo di riappacificarli fatto dal buon Cromazio, Geronimo si vide piacevolmente costretto a litigare con Rufino *per far intendere ai cattolici d'aver rinunciato a prospettive origeniste ed evitarsi d'essere scomunicato da Giovanni* (e magari esiliato dalla Palestina...). In un secondo tempo il povero Giovanni dovrà sorbirsi le invettive di Geronimo, ormai schieratosi contro Crisostomo al fianco di Teofilo. Alfine la situazione si risolse con la rappacificazione tra Teofilo ed Epifanio, con conseguente loro alleanza ai danni di Crisostomo, ora venutosi a trovare tra i fuochi di due rabbiosi avversari; e sarebbe sicuramente finita ben peggio per lui, qualora Epifanio non avesse terminato i suoi giorni quasi ottantenne nel viaggio di ritorno verso casa, dopo aver rifiutato l'invito di Teofilo a partecipare al processo intentato contro Crisostomo [1]: che peraltro era stato accusato d'aver definito "mostruoso imbecille" proprio il mastino cipriota!

---

[1] Epifanio tornò indietro perché aveva subodorato che Teofilo volesse solamente sfruttarlo strumentalmente a tal fine.

IX. Eusebio Sofronio Geronimo da Stridone

L'amicizia che cessa, non è mai stata vera.

Geronimo

Un capitolo a parte occorre per parlare finalmente del nostro caro Geronimo, ennesimo *advocatus* straniero ed ex pagano nonché discepolo di futuri arcieretici come Elio Donato e il già citato Apollinare di Laodicea (quando non era ancora eretico), prima di porsi sotto l'ala nutrice di Nazianzeno e di Didimo il Cieco [1]: pupilli di quello stesso Origene la cui memoria egli – pur riconoscendone sempre competenza e cultura – attaccherà spesso e volentieri anche nella persona dei discepoli più sconvenienti. Tra questi ultimi figurano sicuramente i summenzionati Giovanni di Gerusalemme e soprattutto Rufino Tirannio, che si vide affibbiare dal forbito apologeta dalmata epiteti co-

_____

[1] Aspro avversario di ariani e macedoniani, sebbene fosse vissuto egli stesso in forte odore di apocatastasi.

me "asino", "scorpione" o "bestia", a citarne i meno triviali. Non sarà la prima volta che la nostra Arca di Scienza (cristiana...) s'adagerà a livelli da fondaco: gli accenti con cui si rivolgerà contro i molti nemici che riuscì a crearsi in vita, sono indicativi di un personaggio facilmente polemico, non di rado sordo alla coscienza e privo di senso della responsabilità al punto da tentare di difendersi dall'accusa d'eccesso di violenza dialettica denunciando il medesimo vizio in altri colleghi più o meno contemporanei, che egli additava come dei violenti "avvezzi a indulgere negli stessi inganni sofistici dei pagani" [1]!

Su questo livello qualitativo possiamo catalogare anche la reazione che gli sortì quando Rufino, nel tradurre il *De Principiis* origeniano, ebbe la malaugurata idea di riportare nella prefazione una poesia dedicata a Origene proprio da Geronimo, che l'aveva vergata prima che si lasciasse convincere a ripudiarlo: andato su tutte le furie, lo Stridonita negò d'aver mai elogiato Origene (lui, che fin poco tempo prima l'aveva difeso strenuamente, definendo i suoi detrattori "un branco di

---

[1] Vedasi l'epistola a Pammachio.

cani pazzi"!) ed anzi ne denunciò con maggior forza gli errori al papa, scrivendo agli amici per giustificarsi d'ogni legame con Rufino.

La cosa che più colpisce nell'atteggiamento di Geronimo è l'incapacità d'ammettere il torto: ovvero la velleità di rincarare la dose contro qualsiasi evidenza. Tale *modus operandi* ritrova un palese strascico in alcune operucole polemiche, come ad esempio la volgare invettiva contro l'ex monaco curdo *Gioviniano*, la cui acredine costrinse persino l'amico Pammachio (che pur aveva figurato proprio tra coloro i quali avevano denunziato Gioviniano a Siricio!) a consigliargli di moderare i termini. In effetti, alfine Gioviniano non affermava che dei princìpi ragionevoli: ovvero che l'astinenza fosse fonte di vizi sotterranei e che il matrimonio fosse gradito a Dio non meno dell'astinenza, delle vedove risposate o delle vergini che dismettono il voto di castità. Tale linea non era poi tanto distante da quanto il Nazianzeno aveva dichiarato a proposito del fatto che la verginità e il celibato fossero da considerarsi uno status più "elevato" rispetto allo sposarsi o risposarsi (che secondo lui poteva essere considerato commendabile fino al secondo matrimonio); probabilmente in questo caso Geronimo aveva sorvolato sulle opinioni del suo tanto celebrato maestro.

Su posizioni di dissenso analoghe si dichiarava anche Evagrio, maestro di Rufino, che Geronimo criticò soprattutto a proposito del principio origenista per cui l'essere umano dovrebbe provare a resistere a tutti i costi alle tentazioni [1]. Non meno crudo si risolse nella risposta a *Vigilanzio*, che aborriva anch'egli il celibato come fonte di vizi, al punto che i suoi seguaci rifiutavano d'ordinare preti non sposati. Cosa vieppiù grave, Vigilanzio era anche reo d'essere amico di Rufino, oltreché d'aver denunciato la fraudolenza di parecchie reliquie, l'origine pagana d'accendere lumini sulle tombe e la stoltezza del vendere tutti i propri beni per donarli alle comunità di fedeli! Queste obiezioni contrastavano proprio quelle usanze che iniziavano a prendere piede tra le ricche matrone romane finanziatrici di questo o quel prelato, minando così il bacino della monacatura cui solitamente esse aderivano. Geronimo andava promuovendo indefessamente proprio

---

[1] Curiosamente, Evagrio era stato costretto alla vita da anacoreta nel deserto nitriano per motivi simili a quelli di Geronimo.

queste usanze, inviando agli amici una gran mole di lettere con le quali li invitava a scegliere il convento o la verginità anziché la vita civile, al punto da calpestare persino i genitori che si fossero opposti alla vocazione!

La strenua difesa della perpetua verginità traeva anch'essa mosse da motivazioni pratiche che si erano stratificate sul motivo subconscio di difendere la verginità di Maria, messa in forse ancora da Gioviniano, Elvidio e soprattutto l'ariano *Eunomio di Cizico*, un allievo di Aezio d'Antiochia evolutosi nella dottrina anomea, che, negando l'eterna generazione di Gesù, annullava pericolosamente anche la necessità dei concetti di homousia ed homoiousia, base di tante lotte ereticali. Contro questo formidabile sofista (stimato dai suoi discepoli come più autorevole dei vangeli stessi!), Geronimo scrisse un'altra delle sue più veementi apologie, ertasi al centro di una battaglia ideologica tra i supporter dell'unicità di Gesù e coloro i quali postulavano che la sua pia madre (esempio di purezza *par excellence*) avesse avuto altri figli naturali.

*

Tirando le somme, il carattere di Geronimo si potrebbe definire quello di un pavido opportunista facile all'ira e alquanto ipocrita; nella *Storia Lausiaca*, Palladio di Elenopoli, amico di Crisostomo, riferiva che l'eremita Posidonio ritenesse Geronimo intelligente e colto, ma oltremodo pieno d'invidia e gelosia [1]. Malgrado egli stesso non disdegnasse lussi e piaceri, Geronimo denunziò aspramente la corruzione di quei preti "addobbati come sposini" che "con una mano pregano e con l'altra questuano": descrizione direi molto conforme a quel Damaso alla cui cattedra egli accorse per tradurre la Bibbia in latino (la cd. *Vulgata*), dopo aver peregrinato in lungo e in largo alla ricerca d'ispirazione per la sua malferma fede.

Non primo e non ultimo d'una lunga schiera di colleghi, Damaso fu tutt'altro che un pontefice immacolato, talché non dovrebbe apparire strano che sia stato santificato: tolte alcune sue questionabili usanze private [2], famosi sono gli scontri che ebbe con Ursino,

---

[1] Successivamente, Geronimo accusò Palladio di origenismo.
[2] Era anche detto "titillatore d'orecchie di matrone": fu accusato di adulterio.

apertamente mirati al conseguimento degli immensi benefici di cui godeva il vescovo di Roma, come descritto da un ben solido storico quale fu Ammiano Marcellino. Non è improbabile che Damaso scelse Geronimo piuttosto per la sua pronta capacità di sottomettersi ai voleri del padrone di turno, anziché per la sua cultura: che può essere definita ampia ma alquanto lateralizzata. In effetti, egli non brillava nell'andare a fondo nelle indagini storico-esegetiche, ma piuttosto peccava d'ingenuità analitica: ad esempio, pur avendo dileggiato Rufino per aver attribuito a papa Sisto i detti di un omonimo filosofo pagàno, fu incapace di riconoscere come uno smaccato falso la corrispondenza tra Paolo e Seneca, approntata da qualche ignoto buontempone proprio ai suoi tempi!

Dopo la morte del suo mecenate, anche per il gaudente Geronimo sopraggiunge una "svolta sulla Via di Damasco": allo scopo di purgarsi dalla mondanità curiale di cui era saturo, andò in penitenza nel deserto del Sinai, dove fondò un eremo grazie anche al supporto di ricche matrone come Fabiola [1], Melania [1],

---

[1] Amica di Geronimo e Paola, finché non chiuse con la loro cerchia per-

Marcella [2] ma soprattutto Paola [3] e le sue figlie, che lo seguiranno nella pia missione. Non è improbabile che fosse stato costretto a scappare dall'Italia piuttosto per presunti legami con Paola, secondo un'accusa mossagli contro da altri colleghi per via delle sue frequenti critiche alle gerarchie ecclesiastiche del tempo; un altro motivo potrebbe anche esser stato l'aver causato coi suoi consigli di rigido ascetismo proprio la morte di una delle figlie di Paola, Blesilla (poi prontamente santificata), nella quale occasione non sentì alcuno scrupolo di redarguire la madre d'averne "pianto troppo" la morte! Del resto, vuoi per l'influsso del suo mentore, vuoi per una sua predisposizione personale, di per se stessa Paola non uscirebbe bene da un computo delle responsabilità nella negligenza degli affetti familiari: anoressica e psicologicamente influenzabile, pur di soccorrere i poveri dilapidò i beni familiari, la-

---

ché rea d'aver divorziato da un marito vizioso ed essersi risposata mentre era ancora vivo. Alla morte del secondo marito, donò i propri beni e si affiancò per qualche tempo a Geronimo nella vita eremitica.

[1] Colei che favorì la monacatura di Evagrio.

[2] Altra ricca vedova romana, alla cui influenza – dice Geronimo – si dovrebbe la decisione della condanna di Origene da parte di Anastasio.

[3] Nota anche per aver ospitato Epifanio e Paolino d'Antiochia, attraverso i quali parrebbe aver conosciuto Geronimo.

sciando praticamente al verde l'altra figlia, Eustochio.

Comunque sia, ben difficilmente il soggiorno nel deserto poté aver giovato a Geronimo e ai suoi ospiti: i fantasmi del passato continuavano a riaffiorare prepotentemente in quelle lande desolate, dove – racconta – il Diavolo continuava ad apparirgli in forma di donna per tentarlo a riprendere la via del peccato! Questa scenografia era così comune a tutti gli asceti dei deserti, da far pensare piuttosto a qualche ben più banale psicosi da stress.

Comunque sia, onde evitare che il richiamo dei sensi si manifestasse vieppiù assiduamente, Geronimo iniziò a inoltrarsi sempre più profondamente in pratiche avvilenti contro la mondanità del corpo proprio e soprattutto altrui, giungendo a proibire alla accolite di lavarsi onde evitare pensieri peccaminosi nello sfiorare le "parti innominabili" del corpo; indi si versò negli studi, imparando a fondo gli scritti "sacri" soprattutto allo scopo di confutare gli ebrei, come confessava nel *Contra Rufinum*.

Alfine cotanto santo morì esiliato dal suo amato

eremo a seguito di un'incursione di fanatici pelagiani [1] che egli aveva duramente attaccato. I suoi resti furono trasportati prima a Bethleem e poi a Roma, ma parecchie chiese affermano di custodirne alcune porzioni: in particolare, sia Nepi che l'Escorial se ne litigano un teschio ciascuna! Pretesa oltremodo beffarda, considerata la ferocia con cui, in vita, lo Stridonita s'era scagliato contro il povero Vigilanzio a proposito delle reliquie cristiane.

---

[1] Forse istigati proprio da Giovanni di Gerusalemme.

X. *Aurelio Agostino di Tagaste*

> La fede è credere in cose che non vedi: la ricompensa di ciò consiste nel vedere le cose in cui hai creduto.
>
> *Agostino*

Altro caso singolo è senz'altro da considerarsi Agostino d'Ippona (355-430), coevo del precedente, col quale fu in stretta – ma non sempre amichevole – corrispondenza.

Devo ammettere di provare un certo qual timore reverenziale nel dover fare le bucce a cotanto Pilastro della Chiesa, "sommamente acuto nel penetrare il senso della parola divina ed espertissimo nel *farla servire* alla verità cattolica", come scriveva nella *Providentissimus* un altro campione del raziocinamento cristiano quale fu il beato Leone XIII. Il disagio sarebbe giustificabile: data la sua ingombrante *silhouette*, quanto ci sarebbe da dire non potrebbe certo essere ridotto nelle povere, poche righe che m'ero imposto per conchiudere questo mio indegno libello. Proverò comunque a farne un riassunto quantomeno indicativo come mio uso e potrei iniziare sicuramente dicendo che, al pari della stragrande maggioranza dei colleghi, Agostino fosse straniero e avesse avuto dei trascorsi "erranti": nella fattispecie, manichei e neoplatonici. Questa propensione all'eccentricità filosofica non fu affatto cancellata dalla conversione, considerato che fu capace d'ammettere che occorresse trarre beneficio dalle teorie dei pagani appropriandosene "come se i loro ideatori ne fossero ingiusti possessori"! In effetti, egli attingerà spesso dal suo "divin Platone" aggiornandolo secondo l'ottica cristiana [1]; tale predilezione (dottrinariamente più che comprensibile, date le analogie tra cristianesimo e nozioni platoniche...) gli farà trascurare in molte cose Aristotele, grazie al cui studio lui e tanti altri si sarebbero evitati, ad esempio, di considerare il teatro un luogo di perdizione e follia [2], trascinando per secoli sia cattolici che luterani in questa

---

[1] Agostino concedeva che le Idee platoniche costituissero la forma stabile e immutabile di tutte le cose; ma dal momento che Platone non possedeva una dottrina della creazione, affermò che la concezione metafisica del Greco fosse adempiuta dalla rivelazione del Salvatore, e in tal modo accostò le Idee al Logos, già da tempo identificato con Gesù!

[2] In ciò era stato preceduto da Tertulliano.

strana condanna. In altre circostanze, invece, egli seguirà *ad litteram* lo Stagirita: come accade ad esempio nel caso della dottrina dell'"incarnazione ritardata", per la quale ritenne plausibile l'aborto fintantoché l'anima non fosse stata "infusa" nel feto [1]. Per secoli la Chiesa fu generalmente contraria alla pratica dell'aborto, ma nessuna condanna cadde mai su Agostino in questo come in altri casi; ci si è limitati solamente a far finta di nulla, giustificando la cosa con dei sofismi ogni qual volta la si faceva notare.

L'evidente dicotomia di base dall'*amnios* suspiciosamente manicheo di cui l'Ipponate fu al centro, unita alla sua salute stabilmente malaticcia, ne cagionò sicuramente un'inquieta insicurezza a proposito di parecchie questioni soprattutto inerenti alla soddisfazione dei sensi; basti dire che quando studiava ancora a Cartagine era stato talmente addentro nella ricerca dei piaceri sensuali, che ancora nelle celebratissime *Con-*

---

[1] In questa prospettiva (poi incamerata e riassunta anche da Tommaso d'Aquino) Agostino si trovò in parziale concordia con Geronimo, a cui parere l'aborto era concedibile fin quando il feto non si fosse formato in un abbozzo di arti ben distinto.

fessioni [1] ammetterà d'aver attraversato vari stadi di macerazione interiore, prima che l'ossessiva madre e il tutore *Ambrogio* lo persuadessero a purificarsi convertendosi al cristianesimo [2]. È il periodo in cui il povero Agostino chiedeva a Dio di renderlo puro "ma non subito": più avanti, invece, affermerà che la completa astinenza sarebbe stata più facile a praticarsi della perfetta moderazione e, seguendo il bell'esempio di Tertulliano, giunse addirittura a definire il sesso un atto rivoltante persino tra legittimi coniugi. Tali amenità gli fecero guadagnare l'irridenza del suo famoso avversario pelagiano, il vescovo Giuliano d'Eclano [3], a cui parere il sesso era qualcosa di naturalissimo e "ordinatoci da Dio stesso"; ecco dunque Agostino convenire giudiziosamente che, essendo comunque difficile costringere il sesso a esclusivo fine procreativo, alfine la prostituzione fosse un "male necessario" per evitare che la libidine irrisolta sommergesse la società nel

---

[1] Dovute forse alla curiosità di Paolino da Nola, amico di Rufino e di Sulpicio Severo.

[2] In quel tempo ebbe anche un figlio dalla prima moglie, poi abbandonata per sposare la giovane sceltagli dalla madre.

[3] Un amico di Crisostomo e di Teodoro di Mopsuestia, che attaccherà la concezione del peccato originale così com'era recepita da Agostino.

caos e nella violenza! In ciò sarà seguìto puntualmente da *Tommaso d'Aquino*, altra tradizionale Arca di Scienza della Cristianità, a cui parere la prostituzione era necessaria "tanto quanto le fogne in un palazzo", onde evitare che la lascivia inappagata sfociasse in pratiche peggiori (stupro, sodomia e adulterio); dunque, non era possibile far altro che adattarsi alle "richieste del mercato", in quanto questi e altri vizi ricadevano nella categoria di quelli che l'umanità non riuscirebbe a moderare in alcun modo [1]! Sarà per questo motivo che nei secoli seguenti la pia "Sposa di Cristo" non vide di meglio che prendere alla lettera gli insegnamenti di questi capisaldi del pensiero cristiano, finanziando opere religiose coi proventi di lupanari protetti da questo o quel potente ecclesiastico; forse che proprio il tanto celebrato maestro di Agostino non aveva definito la Chiesa "casta meretrice"?

Quanto alla presunta umanità e tolleranza del "Doctor Gratiae", vero è che inizialmente avversò l'uso

---

[1] L'Aquinate affermò anche che fu necessario inventare l'etica sessuale *affinché l'uomo non fosse troppo libero di pensare*, "in primo luogo perché tramite il piacere sessuale non solo si corrompe la persona, ma anche la natura; poi perché il piacere sessuale, nella sua forza, blocca la ragione".

della violenza in materia religiosa: ad esempio, fu accanito avversario dei donatisti e protestò cristianamente quando le persecuzioni a loro carico [1] divennero troppo sanguinose. Cambiò però idea allorquando si trattò di prendere atto del fatto che non ci fosse altro modo per riportare alla ragione gli "ostinati eretici"; questa mutazione di prospettiva implicò la regola del *committe intrare*, cioè l'utilizzo della conversione *forzata* per chiunque si trovasse nel raggio d'azione della Chiesa.

Ce ne sarebbe abbastanza per definirlo non già il "primo psicologo in senso moderno", come hanno voluto taluni epigoni "laici" di Jung, bensì un eccellente campione di studio psichiatrico: preferisco pensare comunque che egli fosse piuttosto il classico candido furbo, anziché ritenerlo a buon mercato un disonesto o un maniaco. D'altronde, che predicasse bene e razzolasse male non potrebbe essere certo un'opinione: ad esempio, è ancora lui ad avvertirci che alcuni suoi

---

[1] Colui il quale arbitrò le persecuzioni donatiste fu un suo amico, tal san Marcellino, al quale dedicherà la prima parte del *De Civitate Dei*: Marcellino morrà qualche anno dopo, quando gli eretici riusciranno a farlo condannare a loro volta, nonostante le pressioni di Agostino per salvarlo.

scriteriati colleghi ("scarsi conoscitori delle Scritture"!) avessero detto tante e tali di quelle corbellerie in merito alle Dottrine, da risultare disastrosi per la Chiesa e ridicoli per i pagani che ne reggevano l'urto; al contempo, però, non s'asterrà dal dirne lui stesso di tante e tali, che non dovremmo stupirci se certe sue trovate abbiano fatto scuola per i successivi scienziati cristiani!

Ad esempio, egli ride del fatto che possano esistere gli Antipodi o infiniti mondi, ma ci assicura dell'esistenza di esotiche terre abitate da uomini con un occhio e un piede solo, di giumente ingravidate dal vento, di rane nate dalla terra, di pavoni dalla carne incorruttibile "più di quella di Platone", di fontane che accendono fiaccole, di sangue di capra che spacca i diamanti e tante altre amenità analoghe. È poco probabile che si fosse trattato di scusabili ingenuità; molto più plausibile è che si trattasse del risultato di un imbevimento in fonti di favole amene come ad esempio la *Vita di Antonio* atanasiana (fondamentale per la sua formazione), complice anche un'innata inclinazione alla pseudologia di cui poté certamente aver ricevuto debita amplificazione da parte del suo degno mentore.

In effetti, il buon Ambrogio è stato senz'altro, oltreché un dialettico dallo stile oggettivamente suadente e potente [1], soprattutto una figura d'immensa importanza politica, in quanto fu sicuramente colui il quale ebbe il merito d'aver salvato il cattolicesimo dall'estinzione. Non che egli fosse una cima di saggezza, lungimiranza o chissà quali divine virtù: abile demagogo e chiaro antisemita, riuscì soprattutto ad estendere la sua *longa manus* a governanti tanto stolidi quanto influenzabili, come ad esempio Teodosio, che gli deve sicuramente l'ispirazione per il suo famigerato *Editto*. Diciamo piuttosto che Ambrogio fosse dotato di qualità adeguate agli scopi che si prefiggeva; potrei sottolinearne l'abnegazione e l'altruismo citando, ad esempio, il fatto che, per liberare i prigionieri fatti dai goti, non esitò a dar fondo alle ricchezze della sua diocesi, giungendo persino a vendere sigilli e paramenti: atteggiamento che gli valse l'incondizionato supporto dei fedeli, ma anche la loro indiscussa credulità. Si ricordi ad esempio che, quando l'imperatrice Giustina gli intimò d'andar via da Milano, egli rifiutò

---

[1] Vedasi ad esempio alcune sue lettere a Graziano, Costanzo o Giusto.

sfacciatamente d'obbedire, aiutato dai fedeli che intralciavano gli esecutori imperiali, così da trovare tutto il tempo per ottenere la revoca della condanna con uno stratagemma molto in voga a quei tempi: disse d'aver avuto un "sogno rivelatorio" che l'aveva spinto alla scoperta dei resti dei "santi" Gervasio e Protasio! Orbene, questi santi resti erano stati selezionati a piacere tra le ignote ossa di qualche cimitero del circondario e poi nascosti nel luogo del ritrovamento [1]; ma la cosa più gustosa è che proprio il grande Agostino (allora in attesa di ricevere il battesimo da Ambrogio...) disse che i corpi fossero stati scoperti freschi e quasi intatti, mentre proprio il suo mentore aveva asserito che fossero soltanto ossa! In verità, tanto e tale era il loro potere, che tramite la loro ostensione Ambrogio era stato capace non solo di ridare la vista a un cieco, ma anche di far confessare a degli "indemoniati" che la dottrina ariana fosse falsa e diabolica! Che questi "indemoniati" fossero selezionati tra i suoi accoliti, è un sospetto che non tange affatto gli agiografi.

---

[1] Si trattava quasi sicuramente dei resti di goti sepolti nelle vicinanze del luogo di ritrovamento; le loro dimensioni erano fuori dall'ordinario, rispetto all'altezza media di un uomo del tempo.

Sia come sia, non sarà la prima volta che Ambrogio ebbe a dichiarare cose del genere: egli si ripeterà a stretto giro nel caso dei resti di Nazario e Celso, che egli spacciò addirittura per amici degli ignoti Gervasio e Protasio! Poco importava se i due corpi fossero stati ritrovati ancora freschi e sanguinanti nonostante li si volesse martirizzati al tempo di Nerone!

La sua inclinazione per le reliquie miracolose parrebbe esser stata quasi un vezzo ereditario; il suo predecessore, Eustorgio [1], scoprì addirittura i resti dei Magi mentre il discepolo Gaudenzio da Brescia costruì una pedestre leggenda agiografica sui resti di chissà chi, alla quale abboccarono supinamente nientemeno che Gregorio da Nissa e Basilio di Cesarea [2], zio della donna che gliene aveva fatto dono!

Più straordinari ancora saranno i miracoli che Agostino – oramai divenuto un campione della Verità Divina – attribuirà alle ossa di santo Stefano: quelle stesse scoperte da Giovanni di Gerusalemme e trasportate a Calama dall'amico Possidio... Secondo lui, questi

---

[1] A lui dobbiamo il ritrovamento dei presunti resti dei Magi.
[2] Tra queste reliquie figuravano addirittura le ceneri dei Quaranta Martiri della Legione Tonante.

resti avrebbero risanato oltre settanta malati e resuscitato ben quattro morti; miracoli, purtroppo, mai certificati da nessun altro eccetto il santo di Ippona, della cui disinteressata parola nessuno potrà mai dubitare, avendo figurato tra i più illustri Dotti della Chiesa.

Quella fu sicuramente anche l'ultima volta che Agostino testimoniò un miracolo: oramai anche lui si rendeva ben conto che in passato essi fossero serviti "affinché il mondo credesse" e lamentava che non se ne sentisse più parlare, probabilmente perché non ce n'era più bisogno. Neanche per lui, a quanto pare.

Epilogo

Epilogo

Poiché il mondo in tutta la sua sapienza non conobbe Dio, piacque a Lui, nella sua sapienza, salvarlo con la follia della predicazione.

Paolo di Tarso

"Dov'è il sapiente? E lo scriba? e il contestatore di questo secolo? Non ha forse Dio reso folle la sapienza di questo mondo?" chiedeva retoricamente il Tarsiota ai corinzi del suo tempo.

Ebbene sì: è innegabile che ogni uomo abbia le sue perversioni e i suoi squilibri e che la situazione stia per natura in questi termini senza alcuna speranza di scampo. Ci si altalena tra la lucidità e una follia che spesso si è obbligati a scegliere affinché possiamo renderci – a dirla col Poeta – "almeno un po' più tollerabile l'esistenza": anche il sogno, l'evasione e gli ideali sono delle "follie" finalizzate allo stesso scopo.

In un mondo governato da "leggi divine" e nel quale chiunque potrebbe sentirsi autorizzato a sopravvivere a scapito degli altri, i "Padri" fondatori incarnano una proficua casistica archeo-psichiatica: per gran parte erano tutti vittime di una frenetica epoca di transizione, mentre per il resto si trattava di furbi interessati che – purtroppo – aprirono una scia bimillenaria. Questa è stata la gente che il popolo sceglieva e che molto spesso bypassava la sua scelta, essendo essa imposta dal potere temporale: qualora costoro non avessero avuto un motivo ben serio per adoperarsi con tanta convinzione nel cercare di cambiare la società accelerandone l'incipiente decadenza, non avremmo avuto altri folli capaci d'ammazzare e farsi ammazzare per una favola sconclusionata quale è quella narrata nei vangeli. Questo motivo così serio era il *difendere* un *concetto* che incarnava la perpetuazione di *Roma sotto le spoglie della distruzione dei suoi più acerrimi avversari*; l'impegno degli agenti di propaganda ha consistito proprio nel consolidare una menzogna millenaria, spacciandola continuamente per verità.

Quando ci chiediamo in che modo il cristianesimo ha potuto durare per tutto questo tempo pur essendo falsità nella falsità, non avremmo che da guardare a queste evidenze: e ci riusciremmo sicuramente, se non fosse per la continua propaganda fattane quotidianamente alla TV, nei giornali, alla radio e ovunque la Chiesa riesca a rimestare con la sua *longa manus* direttamente o tramite i suoi fanatici supporter "laici". La cosa più intollerabile è vedere questi papi, questi prelati e questi fedeli fare i tonti dinnanzi a schiaccianti evidenze e continuare stolidi a ripetere "verità" che sono tali soltanto per chi li ritiene persone indubitabili in quanto "sante".

Oggi il canone di "normalità" pare essersi adattato a uno stampo alquanto elastico; i tempi ci hanno abituati alla follia, rendendoci atti ad additarla – inascoltati – con molto meno discrezione del dovuto, ma non per questo senza il timore d'esser definiti folli a nostro turno. Siamo proiettati in un'epoca di saturazione della comunicazione, nella quale la tecnologia indiscriminata ci ha resi apatici al punto da invertire i canoni di *fas e nefas*, di "normale" e di "folle"; un'epoca nella quale il giusto viene deriso e condannato *ipso facto*, mentre il criminale, osannato e premiato, può protervamente rincarare la dose. Eco che, non paradossalmente, i nuovi ribelli crocefissi dai "bravi cittadini" sono anche coloro i quali denunziano la mistificazione inaugurata da un evento mai avvenuto nella storia!

L'ingiustizia e l'inversione dei canoni di valutazione sono talmente radicate, endemiche e quasi istituzionalizzate, che la pedanteria snobistica con cui le leggi di codici sempre più affollati e leguleici vengono applicate a casi sempre più particolari si risolve quasi inevitabilmente nella massima delle ingiustizie; del resto, più sono le leggi, maggiore è la corruzione. Dunque potremmo avere ancora il coraggio di dire che, in questi come in altri casi deteriori, le religioni non abbiano una responsabilità d'imprinting? Crediamo davvero che, essendo incentrata sullo stereotipo di un "essere buonissimo" che incarna il Bene, la religione implichi soltanto buone azioni, ignorando che esse siano semplicemente quanto emerge di un *iceberg* di nefandezze e falsità quotidiane? Forse dimentichiamo anche che fino a qualche secolo fa fossero previste pene severissime per chi non si dimostrava un pio osservante di queste sconcezze mentali?

Lo smascheramento delle bugie religiose ha reso tutti più liberi ma al contempo privi di punti di riferimento, vittime di una frenesia quasi orgiastica e di un rigurgito di "materialismo": per ovviare al quale inconveniente non si deve certo tornare alle religioni del passato né crearsene di nuove, perché sarebbe una doppia follia. Ben più grave sarebbe pretendere che il comportamento della società possa ancora essere desunto da persone assuefatte a salmodiare elaborati ideologici inventati da "santi" barcamenatisi tra il candido e l'illucido e sospesi nel nulla alla ricerca di nessi e giustificazioni su concezioni come quella di un dio "onnipotente e suicida"; non possiamo definire comodamente "figli del loro tempo" questi personaggi, che non sono un caso isolato o qualcosa di "folkloristico", ma bensì *esempi* che vengono apportati a *livello pubblico e senza sosta* come campionario del non-plus-ultra dell'umanità, sicché la gente pensa e agisce *tenendoli costantemente in mente pur non emulandone le azioni.*

Cosa potremmo mai dire a proposito delle azioni dell'uomo di tutti i giorni, che magari ignorerà le biografie di questi personaggi ma non certo la favola dalla quale essi hanno tratto i loro assurdi spunti didascalici? Che tipo di credibilità potranno mai pensare d'avere un lavoratore che rifiuta di prestare opera per un ateo, un commerciante che truffa un cliente non credente, un giudice che riterrà apriori colpevole chi non giura su un "libro sacro", un ministro che imporrà a tutti una legge sulla scia del "volere di Dio"? Costoro si limiteranno ad agire a vantaggio del sistema cui appartengono, giustificando le loro azioni con l'asserire perentoriamente che esista "senza dubbio" un essere onnipotente e invisibile e "creatore del Tutto dal Nulla", che si sarebbe autoconvinto a farsi crocefiggere per "salvare" le sue "creature" dagli errori cagionati dalla libertà che *egli stesso* avrebbe accordato loro! E i folli sarebbero gli atei?

Da quale educazione sballata trarrebbe mai mosse la forma mentis di queste persone, se non da quello stesso cristianesimo e dalle sue icone tra l'infantile e il terrifico che hanno permeato tutto quanto per oltre due millenni? Persone che ritengono plausibili storie del genere non potranno mai agire con ponderatezza fuorché per sé e per i propri consimili (ma di solito nemmeno in tal caso...): agiranno semplicemente per difendere acriticamente una favola descritta in "libri sacri", ai quali dovremmo credere "obbligatoriamente" perché *in essi stessi* si afferma che sarebbero stati scritti da superuomini degni di parlare con questo famoso essere invisibile, onnipotente, misericordioso e così stranamente snob!

La gente che tramite simboli e parole si ritrova inconsciamente a ricordare il concetto insito in una vicenda come quella evangelica non può non essere passibile di squilibrio, che non è avvertito come tale proprio perché esso è *condiviso*: eppure, dovremmo capire che pensare sistematicamente a un "dio" sacrificatosi "volontariamente" per "noi" può farci pretendere che debba toccare al *prossimo* sacrificarsi per primo, ancor prima che egli pretenda il *mio* sacrificio. Ci attendiamo dunque che sia sempre l'altro a fare il primo passo: e se ciò non accade spontaneamente, allora occorrerà "incentivarlo".

In un'epoca oramai disillusa dall'informazione e dalla comunicazione globali, che hanno annichilito quasi del tutto le strumentali fantasie religiose, pensare di non poter più essere delle persone probe senza credere in entità onnipotenti, buonissime, invisibili, punitive e suicide è un atteggiamento foriero di grave danno per sé e per gli altri; il calmieraggio del malessere provocato dalle illusioni non si attua con l'imposizione di altri generi di illusioni, bensì con l' accettazione delle *responsabilità* delle *proprie* azioni. L'uomo non è tale soltanto quando lavora, procrea e pensa, bensì anche e soprattutto quando si accorge della reale natura delle cose che ha intorno e capisce che molte di esse siano sue creature: *divinità incluse.*

Mi rendo comunque conto che pretendere di cambiare le cose in un'epoca come questa, dopo secoli (che dico? decine di millenni) in cui l'essere umano non è mai riuscito a distaccarsi da certe illusioni, sia visto come qualcosa di oltremodo folle, data la profondità con cui è radicato da ben venti secoli l'ingranaggio cristiano; d'altro canto, credo proprio che il livello d'insania da cui potrebbe essere caratterizzata tale pretesa risulterebbe infinitamente irrisorio rispetto alla presunzione di chi vorrebbe perpetuare certe menzogne finché esisterà anche un solo essere umano su questo strano, indiscreto palcoscenico che è l'universo. La cosa più inquietante è che di siffatta presunzione potremmo continuare a essere – fino a prova contraria – sicuramente tutti responsabili e correi.